Jens Balzer
Pop und Populismus

Jens Balzer

POP UND POPULISMUS

Über Verantwortung
in der Musik

Bibliografische Information der Deutschen Nationalbibliothek

Die Deutsche Nationalbibliothek verzeichnet diese Publikation in
der Deutschen Nationalbibliografie; detaillierte bibliografische Daten
sind im Internet unter http://dnb.d-nb.de abrufbar.

Umschlag: Groothuis, www.groothuis.de
Coverfoto: Getty Images / Vectorig
Herstellung: Das Herstellungsbüro, Hamburg |
buch-herstellungsbuero.de
Druck und Bindung: CPI – Clausen & Bosse, Leck
Printed in Germany

ISBN 978-3-89684-272-5

www.edition-koerber.de

You may be black, you may be white, you may be Jew or Gentile
It don't make a difference in our house
And this is fresh
Fingers, Inc.: »Can You Feel It« (1988)

Inhalt

Verantwortung?
Die Spannungsfelder des Pop

Mit stumpfem Sprechgesang schwingen die einen ihre überzüchteten Trizeps über die Bühne, predigen Hass auf Frauen, Schwule und Juden, während die anderen, völkische Deutschrocker, mit grobem Gitarrengeschrubbe patriotische Gefühle beschwören. Beim Blick in die Hitparaden kommt leicht der Verdacht auf, dass Popmusik nur noch reaktionäre Weltbilder pflegt. Der Echo 2018 endete glanzlos mit einem Skandal, weil die beiden Rapper Kollegah und Farid Bang mit einem Preis für das beste deutsche HipHop-Album des Jahres geehrt wurden – obwohl sie darauf die Opfer der Shoah verhöhnen und obwohl das gesamte Werk nur so strotzt vor sexistischen und gewaltverherrlichenden Texten. Dennoch – oder muss man sagen, deshalb? – war die Platte in den ersten Monaten 200 000-mal verkauft und 30 Millionen Mal gestreamt worden und erhielt darauf prompt den Preis, der die Kunst ehrte, obgleich er vornehmlich nach den höchsten Verkaufszahlen vergeben wurde. Einen ähnlichen Skandal hatte ein paar Jahre zuvor schon die erfolgreiche südtiroler Band Frei.Wild ausgelöst, die ihren Deutschrock mit aggressiv patriotischen Texten bestückt.

Der Echo wurde nach dem Kollegah-und-Farid-Bang-Skandal abgeschafft. Aber das ändert nichts an der gewonnenen Einsicht, dass sich der Mainstream bedenklich nach rechts verschoben hat. Wie konnte es dazu kommen? Hatten wir nicht früher einmal geglaubt, dass Pop sich auf der Seite der Aufrechten, der doch eher links Engagierten befindet? War Pop nicht immer ein Medium der Schwachen und der Minderheiten, der Emanzipation? Und hat er diese Qualität heute verloren? Diese Fragen stellen sich heute viele, und der Kulturkritiker Georg Seeßlen verkündet bereits das Ende der Popmusik als emanzipatorische Ausdrucksform: »Die Legende, dass unsere Musik, unsere Filme, unsere Comics automatisch mit dem Progressiven, Sozialen und Liberalen, mit der Verbesserung der Welt verbunden sein müssten, mit dem Geschmack von Freiheit, Gerechtigkeit und Geschwisterlichkeit – diese Legende haben wir schon seit geraumer Zeit begraben. In beinahe jedem musikalischen Genre, jeder Mode, jedem Medium hat sich ein dezidiert rechtes bis faschistoides Segment gebildet.«[1] Es gebe, so Seeßlen, eine »Infiltration durch rechtspopulistische und neofaschistische Kräfte, Identitäre, Neue Rechte, Neocons, Volkstreue und wie auch immer sich das alte Gebräu in den neuen Flaschen nennen mag«, kurz: im Pop der Gegenwart herrsche eine »rechte Hegemonie«.[2]

Ist diese Diagnose zutreffend? Kann man sagen, dass der Pop heute zu einem Medium des rechten Populismus geworden ist? Und wenn ja, in welchem Sinne? Mit welchen musikalischen und sprachlichen Mitteln werden die Botschaften des Populismus verbreitet? Und worin besteht überhaupt der Wesenskern dieser Botschaften? Das sind die Fragen, denen ich in diesem Buch nachzugehen versuche. Ich glaube, dass Seeßlens Diagnose einerseits zutreffend ist, andererseits aber zu kurz greift. Die Brutalisierung und Maskulinisierung, die diskriminierende, rassistische, patriarchale, reaktionäre Grundierung weiter Teile insbesondere des massenbegeisternden Pop sind in der Tat erschreckend und in ihrem Ausmaß historisch neu. Doch finden sich zugleich starke Gegenkräfte, die in einem ebenfalls historisch neuen Ausmaß die misogyne Rhetorik im Pop und die patriarchalen Strukturen der Kulturindustrie kritisieren und bekämpfen. Denken wir allein an die #metoo- und die #timesup-Bewegungen, die seit Ende 2017 das Thema der sexuellen Ausbeutung und der sexualisierten Gewalt in der populären Kultur auf die politische Agenda gebracht haben – im selben Zeitraum mithin, in dem der rechte Populismus seine größten Erfolge feierte.

Versucht man, das Verhältnis von Pop und Politik in der Gegenwart zu beschreiben, kann man sich also nicht auf die Korrespondenzen zwischen Pop und dem rechten Populismus beschränken: Das ist eine der zentralen Thesen, die ich im Folgenden erläutern möchte. Allem voran gilt es, die Polarisierung in unserer gegenwärtigen Gesellschaft zu untersuchen – also den Widerstreit zwischen »reaktionären« und »emanzipatorischen« Positionen, zwischen Vergröberung und Verfeinerung, zwischen der immer drastischer formulierten Beschwörung identitärer Weltbilder und dem immer offensiver vorgetragenen Einspruch gegen die kulturellen und sozialen Traditionen, aus denen diese Weltbilder entspringen. Der Brutalisierung der popkulturellen Rhetorik steht eine ebenso starke Sensibilisierung für diskriminierende Sprechweisen und Arten der Kunst gegenüber. Dieses Spannungsfeld ist neu. Erst daraus erklärt sich die Heftigkeit, mit der heute über die moralische und politische Verantwortung von Kunst gestritten wird.

Große öffentliche Aufmerksamkeit kam der Echo-Verleihung an Kollegah und Farid Bang zu. Sie markiert einen entscheidenden Wendepunkt in der deutschen Debatte über Popmusik; darum werde ich im ersten Beitrag des Buches die Ereignisse rund um den Echo 2018 rekonstruieren und die sich hier herauskristallisierenden Fragen skizzieren. Wie konnte es dazu kommen? Warum hatte vorher (fast) niemand bemerkt, welchen Grad der Verrohung die Sprache im deutschen Straßen- und Gangsta-Rap erreicht hat? Und wie geht eine verantwortungsbewusste Öffentlichkeit mit solchen Phänomenen um? Muss man die Musiker selbst auch dafür in die Verantwortung nehmen, welche Welt- und Menschenbilder in ihren Texten gespiegelt und verstärkt werden? Oder ist der Standpunkt, es handle sich ja »nur« um Rollenprosa, ein nachvollziehbares und, wenn ja, auch ein legitimes Argument?

Dabei lassen sich die beiden zentralen Motive, der Sexismus und der Antisemitismus, bis zu den ersten Erfolgen des deutschen Gangsta-Rap Anfang der nuller Jahre zurückverfolgen. Im zweiten Kapitel erzähle ich von der Entwicklung des Maskulinismus, der Homophobie und Misogynie seit dem Debüt des prägenden deutschen Gangsta-Rappers Bushido im Jahr 2003; im dritten Kapitel gehe ich der fortschreitenden Durchsetzung dieser Musik mit antisemitischen Stereotypen nach. Diese betrifft aber nicht nur den – wesentlich muslimisch und migrantisch – geprägten Gangsta-Rap, sondern auch beträchtliche Teile der sonstigen Popmusik, wie es sich an den verbreiteten Sympathien für die israelfeindliche und tendenziell antisemitische BDS-Kampagne ablesen lässt.

Auf der Gegenseite der gesellschaftlichen Polarisierung behaupten sich neue Widerstandskräfte gegen die überkommenen patriarchalen und sexistischen Strukturen in der Popkultur; prägend dafür ist die #metoo- und #timesup-Bewegung, die ihren Anfang Ende 2017 mit den Enthüllungen über den Hollywood-Produzenten Harvey Weinstein nahm. Bis dieser feministische »Tsunami« (Janelle Monáe) auch die Musikindustrie erreichte, hat es eine Weile gedauert. Aber spätestens mit den Protesten gegen den pädophilieverdächtigen R'n'B-Sänger R. Kelly im Winter 2018/19 ist das Thema auch hier auf die Agenda gelangt; und während in weiten Teilen des massenbegeisternden Pop – zumindest im deutschsprachigen Raum – immer noch der Maskulinismus und das Patriarchat herrschen, findet sich jenseits dessen auch eine stärker werdende Strömung von erfolgreichen Künstlern und Künstlerinnen, die in ihrer Musik überkommene sexuelle Rollenmodelle in Frage stellen, von der Transgender-Elektroniker/in Planningtorock bis zu der feministischen Gitarrenrockerin Anna Calvi. Von diesen Phänomenen handeln das vierte und fünfte Kapitel, mit einem Seitenblick auf die sexualemanzipatorischen Positionen in der deutschen Hitparadenmusik. Diese finden sich gerade in jenem Genre, das gemeinhin als besonders spießig und rückständig angesehen wird: im Schlager.

Aber auch die Gestalt des Schlagers ist ambivalent: Der erfolgreichste deutschsprachige Schlagersänger, der österreichische »Volks-Rock'n'Roller« Andreas Gabalier, pflegt wiederum das dezidiert patriarchale Weltbild der rechtspopulistischen Partei seines Heimatlands, der FPÖ. Im sechsten Kapitel folgt deshalb das Porträt der Galionsfigur einer neuen – mal mehr, mal weniger aggressiv und völkisch geprägten – Heimatbeschwörung im neuen Pop. Diese findet sich in je eigener Art und Weise auch bei den südtiroler Deutschrockern von Frei.Wild und den zahlreichen – wiewohl politisch eher neutral auftretenden – Mittelalter- und Volksmusik-Rockbands von In Extremo bis zu Santiano.

Zeigt sich hier das Aufbegehren der heimatverbundenen »einfachen Menschen« gegen die entfremdeten kosmopolitischen Eliten, wie es von den Wortführern des Rechtspopulismus gegenwärtig bekräftigt wird? Einerseits ja – andererseits findet sich die emphatische Beschwörung der Heimat auch bei der gegenwärtig erfolgreichsten linken deutschen Rockband, Feine Sahne Fischfilet aus Mecklenburg-Vorpommern. Von dieser berichte ich im siebten Kapitel; auch um sie entwickelte sich im Herbst 2018 eine kontroverse Debatte, als ein geplanter Auftritt im Bauhaus Dessau auf Druck von örtlichen CDU- und AfD-Politikern und -Politikerinnen abgesagt wurde. Als Grund hierfür wurden gewaltverherrlichende, gegen Polizisten gerichtete Zeilen in ihren Songs angeführt. Haben wir es bei Feine Sahne Fischfilet also bloß mit einer Spiegelung des rechtspopulistischen Pop nach links zu tun?

Die Verschränkung von Politik, Pop und Populismus ist in jedem Fall komplexer, als es auf den ersten Blick erscheinen mag. Das zeigt sich einerseits an dem Umstand, dass weite Teile der erfolgreichen Popmusik zwar von rechten und rechtspopulistischen Menschen- und Weltbildern geprägt sind – sich andererseits aber so gut wie kein Musiker und keine Musikerin findet, die sich explizit zur entsprechenden politischen Bewegung bekennt. Selbst wenn sie – wie etwa Frei.Wild, Kollegah und Farid Bang – ästhetisch wie politisch gut dazu passen würden, wahren sie doch Distanz und Mehrdeutigkeit. Die *bekennende* Neue Rechte wirkt darum wie eine Popkultur ohne Popmusik: Das ist in Deutschland nicht anders als in den USA, wo Präsident Donald Trump für seine Inaugurationsfeier kaum einen Musiker oder eine Musikerin gewinnen konnte. Darum lauten die Fragen des achten Kapitels: Warum ist das so? Ist Popmusik kein relevantes Medium für die Formation politischer Bewegungen mehr? Oder ist »identitäre« Popmusik ein Widerspruch in sich, weil Popmusik schon immer von der Durchdringung von Kulturen, ethnischen Traditionen und Stilen gelebt hat – worin sich immer auch eine gesellschaftliche Utopie offenbarte?

Inwiefern gerade diese utopische Hybridität nun allerdings von »links« unter Druck steht, wird im neunten Kapitel hinterfragt. Während der Pop auf der einen Seite verroht und sich in amoralischer Verantwortungslosigkeit suhlt, breitet sich auf der anderen Seite ein immer strikter werdender moralischer Rigorismus aus, insbesondere unter dem Stichwort »cultural appropriation«. Weiße Künstlerinnen und Künstler werden scharf kritisiert, wenn sie sich »nichtweißer« kultureller Traditionen bedienen; der Gebrauch von Samples und kulturellen Zitaten, der weite Teile der elektronischen Musik in den letzten Jahrzehnten prägte und inspirierte, wird in zunehmend aggressiver Tonlage in Frage gestellt. Diese Art der identitären Inanspruchnahme und Reglementierung von Pop und Kunst möchte ein Reinheitsgebot durchsetzen, das dem identitären Denken der Neuen Rechten weit stärker entspricht als alten linken emanzipatorischen Idealen von Offenheit und Transgression – einerseits.

Andererseits bleibt die Frage, wie man solche Bestrebungen kritisiert, ohne zugleich ihren unzweifelhaften emanzipatorischen Kern als solchen zu denunzieren: nämlich das legitime Interesse von minoritären oder marginalisierten Gruppen, genauso sichtbar und relevant zu werden wie der – sagen wir mal – heterosexuelle, männlich und weiß geprägte Mainstream. Auch hier ist die Frage wieder: Wo ziehen wir die Grenze? Wie viel Verantwortung kann man fordern? Aber ist nicht gerade auch Verantwortungslosigkeit essenziell für die Kunst? Wenn man Pop prinzipiell in die Verantwortung für eine gerechte, gleiche, tolerante Gesellschaft nehmen möchte und ihm Provokation und Grenzüberschreitung versagt – zerstört man dann nicht seine inneren Impulse und behält nur eine öde leere Hülle zurück? Ist Verantwortung überhaupt eine Kategorie, die man an Kunst und ästhetische Phänomene herantragen kann? Ist eine »verantwortungsvolle Kunst« nicht am Ende nur ein Rädchen im neoliberalen Getriebe, das die Rezipienten zu verantwortungsvollen, also gut funktionierenden Bürgern erziehen soll?

Im Zentrum des abschließenden zehnten Kapitels steht die Frage, wie sich die Kritik in kulturell unübersichtlichen Zeiten wie dieser positionieren sollte und kann. Der Versuch einer Antwort liegt im vorliegenden Buch, in seinem Selbstverständnis und seiner Motivation: Die Popkritik muss wach sein – gerade für die *politischen* Implikationen der gegenwärtigen Popkultur; sie muss genau hinsehen und hinhören, auch wenn der Gegenstand der Kritik ihr ästhetisch noch so uninteressant oder minderwertig erscheinen mag. Zugleich muss sie versuchen, sich aus dem Getümmel der populistisch erhitzten Kontroversen herauszuhalten und diese von außen zu betrachten und zu bewerten. Ihr regulatives Ideal sollte eine Kultur sein, die nicht im institutionalisierten Ausnahmezustand des Kampfes aller gegen alle zerfällt, in der vielmehr die Utopie einer grenzenlosen Geschwisterlichkeit herrscht, der Wunsch nach Begegnung und Überschreitung, die Sehnsucht nach der Versöhnung des Eigenen mit dem Fremden. In seinen besten Momenten ist Pop immer ein Medium dieser Utopie gewesen; er bleibt auch heute ein Medium des Einspruchs gegen eine Gesellschaft, der im populistischen Wunsch nach identitärer Rückvergewisserung – von rechts wie links – das Bewusstsein davon abhandenkommt, dass die Schönheit des Daseins und darum auch der Kunst in der Neugier aufs Noch-nicht-Bekannte liegt, im Blick in das Offene und in die Freiheit.[3]

1. Grenzüberschreitungen

Warum wir genauer hinhören müssen

Am Donnerstag, dem 12. April 2018, werden in den Messehallen unter dem Berliner Funkturm die Echo-Musikpreise verliehen. Zum 27. Mal zeichnet der Bundesverband der deutschen Musikindustrie jene Künstlerinnen und Künstler aus, die im vorangegangenen Jahr in Deutschland die meisten Schallplatten und Downloads verkauft haben und am häufigsten gestreamt wurden. Die unangefochtene Lieblingssängerin der Deutschen, Helene Fischer, ist wie immer unter den Preisträgerinnen, sie erhält einen Echo in der Kategorie »Schlager«; die meisten Trophäen gehen an den irischen Sänger Ed Sheeran, unter anderem wird sein Album »÷« als »Album des Jahres« geehrt. Den Echo in der Kategorie »Hip-Hop/Urban national« erhalten die beiden Sprechgesangskünstler Kollegah und Farid Bang für ihr Langspielwerk »Jung, brutal und gutaussehend 3«.

Im Vorfeld der Echo-Verleihung wurde Kritik an ihrer Nominierung laut. Nicht etwa weil die Musik von Kollegah und Farid Bang wenig taugt: Ihre Beats sind an einfallsloser Monotonie schwerlich zu überbieten, aber musikalische Qualität ist das Letzte, worum es beim Echo geht, daran hat man sich über die Jahre hinweg gewöhnt. Die Kritik entzündet sich vielmehr an bestimmten Textzeilen. Zwei Reporter der Bild-Zeitung sind im März 2018 die Ersten, die darauf hinweisen, dass sich in einem der Lieder von Kollegah und Farid Bang diese Passage findet: »Deutschen Rap höre ich zum Einschlafen / Denn er hat mehr Windowshopper als ein Eiswagen, ah / Und wegen mir sind sie beim Auftritt bewaffnet / Mein Körper definierter als von Auschwitzinsassen«.[4] Das heißt: Farid Bang, der diese Zeilen in dem Stück »0815« rappt, rühmt sich, so wenig Fett auf den Rippen zu haben wie sonst nur ein ausgemergelter Häftling in einem Konzentrationslager.

Warum wird ein Album mit einer derart widerwärtigen, die Opfer der Shoah verhöhnenden Zeile für den – nach eigener Darstellung – »wichtigsten deutschen Musikpreis« nominiert? Das werden die Echo-Veranstalter vor der Verleihung von verschiedenen Medien gefragt. Sie antworten darauf formal korrekt: weil die deutschen Popmusikhörer so etwas lieben und es beim Echo eben um die erfolgreichsten Alben geht. Seit dem Erscheinen des Werks im Dezember 2017 bis zum folgenden März wurde »Jung, brutal und gutaussehend 3« über 200 000-mal verkauft und über 30 Millionen Mal gestreamt. Nach den Regularien des Preises sind in jeder Kategorie die fünf meistverkauften Alben des Jahres nominiert. Zur Kür des Gewinners dürfen verschiedene Jurys ihr Urteil in die

Waagschale werfen, doch zählt die aus diesen Voten resultierende Punktzahl im Gesamtergebnis prozentual so wenig, dass in den meisten Fällen schlicht die Verkaufsergebnisse den Ausschlag geben – wer so überragend viele Alben abgesetzt hat wie Kollegah und Farid Bang, kann von der Jury gar nicht mehr abgewählt werden. Der Echo folgt unbeirrt dem Prinzip »Wer gewinnt, gewinnt« – jedes kommerziell erfolgreiche Werk ist genehm, es sei denn, die Bundesprüfstelle für jugendgefährdende Medien hat es vorab indiziert. Was beim Album von Kollegah und Farid Bang nicht der Fall ist: Die Bundesprüfstelle antwortet auf Nachfrage, dass sie nur tätig werden kann, sofern ein Indizierungsantrag einer dazu berechtigten Behörde oder eines Trägers der freien Jugendhilfe bei ihr eingeht.[5] Ein solcher liege jedoch nicht vor.

Auch ein von den Veranstaltern des Echo hinzugezogener »Ethik-Beirat« erhebt keine Einwände, er teilt wenige Tage vor der Verleihung mit: »Nach sorgfältiger Befassung mit dem Gesamtprodukt ›JBG3‹ von Kollegah & Farid Bang hat der Echo-Beirat mehrheitlich entschieden, dass im Song ›0815‹ der Bonus-EP ›§ 185‹ die künstlerische Freiheit nicht so wesentlich übertreten wird, dass ein Ausschluss gerechtfertigt wäre – auch, wenn es sich um einen Grenzfall handelt. Das Album bleibt somit für den Echo nominiert.«[6] Freilich fügt der Sprecher des Beirats, der Flensburger CDU-Politiker Wolfgang Börnsen, in einer Stellungnahme hinzu: »Die Wortwahl einiger Texte (…) ist provozierend, respektlos und voller Gewalt. Sie als Stilmittel des Battle-Raps zu verharmlosen, lehnen wir ab und möchten an dieser Stelle unsere deutliche Missbilligung gegenüber der Sprache und den getroffenen Aussagen unterstreichen.«[7]

Die Veranstalter des Echo geben kurz vor der Veranstaltung bekannt, dass Kollegah und Farid Bang nominiert bleiben und auch während der Show auftreten sollen. Man werde allerdings die Kontroverse um ihre Musik als »gesellschaftliche Debatte« in die Preisverleihungsgala hineintragen.

Vom Abend des 11. bis zum Abend des 12. April 2018 wird in Israel der nationale Gedenktag Jom haScho'a begangen. An diesem Tag wird an die Opfer der Shoah erinnert sowie an die Helden des jüdischen Widerstands während der Herrschaft der deutschen Nationalsozialisten; die Einrichtung dieses Gedenktags geht auf die Erinnerung an den Aufstand im Warschauer Ghetto 1943 zurück. Am Donnerstagmorgen heulen überall im Land zwei Minuten lang die Sirenen, die Menschen halten inne und gedenken still der Millionen von Toten.

Auch in Berlin heulen am 12. April die Sirenen, sie begleiten den Auftritt von Kollegah und Farid Bang, mit dem die Verleihung der Echo-Musikpreise krönend beschlossen wird. Die Messehallen, in denen die vom Fernsehsender Vox übertragene Galashow stattfindet, wurden in den Jahren 1935 bis 1937 nach Plänen des Architekten Richard Ermisch errichtet; es handelt es sich um eines der monumentalsten Zeugnisse nationalsozialistischer Architektur in Berlin. Kollegah und Farid Bang greifen diese Ästhetik in ihrer Show auf. Bevor sie die Bühne betreten, marschiert eine Gruppe schwarzgekleideter und mit Gesichtsmasken vermummter Männer auf und postiert sich zu beiden Seiten in militärischer Formation. Einige von ihnen sind mit Flammenwerfern bewehrt, aus denen sie Feuerstöße hervorfackeln lassen, während die beiden Rapper in ihrer Mitte all jene Kritiker verhöhnen, die wegen der »Auschwitzinsassen«-Zeile erfolglos ihren Ausschluss von der Preisverleihung forderten: »Sie wollen uns mundtot machen / sie fordern den Echo-Verweis / Nackenschellen für Journalisten / dann habt ihr auch ma' paar Verbände am Hals«. Kurz vor Ende des Auftritts werden drei große, schmale, lange Banner von der Bühnendecke heruntergelassen wie bei einem nationalsozialistischen Reichsparteitag. So feiern die beiden Rapper ihren Triumph, indem sie sich höhnisch als Wiedergänger jener Partei inszenieren, die die Massenvernichtung der europäischen Juden organisierte. Ein beklemmendes, unerträgliches Bild.[8]

Selbst der branchenübliche Zynismus der deutschen Musikindustriebeschäftigten ist an diesem Abend offenkundig überfordert. Über weite Strecken der Gala hinweg herrschen betretenes Schweigen und Ratlosigkeit. Lediglich an einer Stelle wird euphorisch geklatscht: als der Sänger der Stadionpunkgruppe Die Toten Hosen, Campino, in der Dankesrede für seinen eigenen Echo auch auf Kollegah und Farid Bang zu sprechen kommt. Er sei selber stets ein Freund der popmusikalischen Provokation gewesen,

aber man müsse wissen, wo die moralische Grenze verläuft, »und die Grenze ist überschritten, wenn es sexistisch ist, homophob, rechtsextrem, antisemitisch«.[9] Das
liest er, sichtlich erregt, von einem Blatt ab; weswegen ihn
Kollegah und Farid Bang, als sie etwas später ihren Preis
entgegennehmen, als stammelnden Pennäler karikieren.
Kollegah hat eine Zeichung Campinos auf ein Blatt gekrit-
zelt, das er nun ebenfalls stark zitternd in die Kamera hält,
während er den Umstand, Campino spiele sich hier »als
moralische Instanz« auf, um sie »an den Pranger« zu stellen, als »relativ stillos« geißelt.[10] Das Publikum buht die
beiden Rapper für diese Ansprache lauthals aus, verlässt
aber später auch während ihrer Reichsparteitags-Show
nicht den Saal.

In den folgenden Tagen kommt es zunächst zu ver-
einzelten Protesten gegen die Auszeichnung: Charlotte
Knobloch vom Zentralrat der Juden kritisiert sie ebenso
wie Bundesaußenminister Heiko Maas. Erst nach dem Wo-
chenende verdichten sich diese Proteste, auf der Internetseite »Perlentaucher« ist gar die Rede von einem regelrech-
ten »Zivilcourage-Tsunami«[11]. Zahlreiche Echo-Preisträger
geben ihre Auszeichnungen zurück, darunter der Beatles-
Mitstreiter Klaus Voormann, der bei der Preisverleihung
2018 mit einem Echo für sein Lebenswerk geehrt worden
ist; ebenso der Pianist Igor Levit und der Dirigent Daniel
Barenboim, die in den vorangegangenen Jahren mit »Echo
Klassik«-Preisen ausgezeichnet worden waren. Über-
trumpft werden sie von Marius Müller-Westernhagen, der

gleich sieben Echos zurückgeben kann. Schließlich legen drei Mitglieder des Echo-Beirats ihre Posten nieder, darunter der Präsident des Deutschen Kulturrats, Christian Höppner, Kulturstaatsministerin Monika Grütters übt scharfe Kritik, und eine Woche nach der inkriminierten Verleihung zieht sich der erste Sponsor, der Safthersteller Voelkel, von der Veranstaltung zurück.

Peter Maffay fordert in einem Facebook-Kommentar den Rücktritt aller Echo-Verantwortlichen und meint damit insbesondere den Vorsitzenden des Bundesverbands der Musikindustrie, Florian Drücke.[12] Was Maffay in diesem Zusammenhang allerdings unerwähnt lässt, ist der Umstand, dass er beim selben Musikkonzern unter Vertrag steht wie Kollegah und Farid Bang, nämlich bei der Bertelsmann Music Group.[13] Den Rücktritt der verantwortlichen Bertelsmann-Manager fordert er jedoch nicht; auch von einer Auflösung seines Vertrags mit dem Konzern aus ethischen Gründen ist keine Rede.

Der Bertelsmann Music Group haben Kollegah und Farid Bang in ihrer Ansprache ausdrücklich gedankt; dennoch gelingt es den Managern der Firma eine Weile lang gut, sich unter der Kritik wegzuducken: In den Echo-Veranstaltern hat die Öffentlichkeit schließlich einen Sündenbock gefunden, auf den man leicht einprügeln kann. Erst der Schriftsteller und Sänger der Gruppe Element of Crime, Sven Regener, erinnert in einem Interview, das ich nach der Echo-Verleihung mit ihm für die DIE ZEIT führe, daran, dass man auch einmal über die Leute reden könnte, die von dieser Musik profitieren: »Zum Beispiel die Bertelsmann Music Group, die im Dezember, als das Album veröffentlicht wurde, eine stolze Pressemitteilung herausgab: Mit Kollegah und Farid Bang sind wir jetzt die Nummer eins in Deutschland.«[14] Tatsächlich konnte sich die Deutschlandchefin der Firma, Dominique Kulling, damals gar nicht einkriegen vor Freude über ihren gelungenen Coup. »Das ist eine exzeptionelle Platte«, schrieb sie in einer Pressemitteilung, »und sie zeigt, wie wichtig es ist, wenn man als Label an seine Künstler und ihre Visionen glaubt.« Dank der hervorragenden Verkaufszahlen sei die Bertelsmann Music Group in der Veröffentlichungswoche zum umsatzstärksten Musikunternehmen in Deutschland aufgestiegen; allein mit den 50 Euro teuren Box-Sets habe man in den ersten sieben Tagen 3,5 Millionen Euro umgesetzt.[15]

Wer so vollmundig wie Dominique Kulling von den »Künstlern und ihren Visionen« schwärmt, sollte allerdings auch wissen, welche Visionen sich auf der gelobten Platte so finden. Denn wenn man sich einmal die Mühe macht, das Album »Jung, brutal und gutaussehend 3« ganz durchzuhören, findet man darauf nicht nur die vielfach inkriminierte Zeile mit den »Auschwitzinsassen«. In anderen Songs schwelgen Kollegah und Farid Bang in heiteren Gewaltfantasien, sie wollen Menschen, die ihnen nicht passen, mit einem »Sprengstoffgürtel« massakrieren oder mit einem Lkw, »als wärst Du auf dem Weihnachtsmarkt«, oder mit einem Attentat »wie bei Charlie Hebdo«; oder anders gesagt: Die beiden muslimischen Künstler finden alle Arten von Gewalttaten toll, bei denen Christen und Juden ums Leben kommen. Bereits im Jahr 2016 hat Kollegah ein Video mit dem Titel »Apokalypse« veröffentlicht, in dem er eine epische Geschichte der Menschheit im Kampf gegen das Böse erzählt. Das Böse ist eine gehörnte Satansfigur mit einem Davidstern auf der Stirn. Glücklicherweise kann sie jedoch besiegt werden – und nachdem das Böse verschwunden ist, bauen »Christen, Muslime und Buddhisten« die Welt wieder auf.[16]

Die Künstler selber weisen alle Vorwürfe einer antisemitischen Gesinnung weit von sich. Farid Bang etwa reagiert schon vor der Echo-Verleihung auf seine Kritiker, indem er in einem Facebook-Kommentar sagt: Bei dem inkriminierten Satz mit den »Auschwitzinsassen« handele »es sich um einen harten Battle Rap Vergleich und nicht um eine politische Äußerung. Denn wir distanzieren uns von jeglicher Form des Antisemitismus oder Hass gegen Minderheiten.« Sein Kollege Kollegah legt ebenfalls auf Facebook großzügig nach: »An alle jüdischstämmigen Hörer meiner Musik! Ab jetzt auf Lebenszeit freier Eintritt auf jedes Konzert für alle unsere jüdischen Freunde!« Woraufhin der deutschjüdische Comedian und große HipHop-Fan Oliver Polak sich auf Twitter freut: »Antisemitische Musik umsonst gegen Vorlage eines Judensterns.«[17]

Nicht nur Kollegah und Farid Bang vertreten die Ansicht, man dürfe »einen harten Battle Rap Vergleich« nicht als »politische Äußerung« ansehen, weshalb die Aufregung unbegründet sei. Auch einige Journalisten springen ihnen bei, etwa Dennis Sand von der Tageszeitung Die Welt. Für ihn besteht das »Hauptproblem« nicht in den inkriminierten Zeilen der Rapper, sondern vielmehr darin, »dass die meisten Kommentatoren in keiner Form verstehen, was denn eigentlich Battlerap ist und wie die sprachlichen Codizes der HipHop-Szene funktionieren. Für einen durchschnittlichen Hörer des Genres ist die Übertreibung, die Überspitzung, die zum Teil radikalen, zum Teil auch einfach nur ironisch verbalisierten Gewaltphantasien schlichtweg selbstverständlich. (…) Battlerap ist eine Kunstform, die die Grenzüberschreitung zum obersten Prinzip erhebt. Die verbale Erniedrigung des (tatsächlichen oder auch imaginären) Gegners durch eine möglichst sprachgewandte oder übertriebene Punchline ist das grundlegende Stilmittel.« Darum gebe es, so Sand, hier auch »keine moralischen Grenzen. Im Battlerap hat jede Minderheit das gleiche Recht auf die respektloseste nur vorstellbare Beleidigung. Aber am Ende geben sich die Kontrahenten die Hand, denn sie wissen, dass die Beleidigungen in einem abgesteckten Rahmen, in einem für beide Parteien verständlichen Kontext gefallen sind.«[18]

Das ist alles schön und gut, hat aber mit dem Fall, um den es hier geht, nicht recht etwas zu tun. Denn es handelt es sich bei den inkriminierten Liedern von Kollegah und Farid Bang ja gar nicht um Battle Raps, sondern vielmehr um Monologe. Das Wesen des Battle Rap besteht darin, dass sich zwei oder mehr Kontrahenten und Kontrahentinnen in möglichst spontaner und außerdem origineller Weise gegenseitig so lange beleidigen, bis einer oder eine aus diesem Battle siegreich hervorgeht; wer schneller, witziger, technisch versierter, rhythmisch souveräner, sprachlich überraschender ist, gewinnt.[19] Von alldem kann in den mehr oder weniger rhythmisch dargebotenen Beleidigungen von Kollegah und Farid Bang keine Rede sein. Die beiden setzen sich gerade keinen gleichwertigen oder überhaupt irgendwelchen Gegnern aus, sie lassen keine Widerworte zu, und das heißt: Sie wechseln nicht – wie es für den Battle Rap wesentlich ist – zwischen den Positionen der Dominanz und der Passivität, der Aggression und des Erduldens, des Beleidigens und Beleidigtwerdens. Wäre das so, müssten sie Kontrahenten auf die Bühne bitten, die etwa ihr paläolithisches Männer- und Frauenbild ebenso höhnisch beleidigen und verspotten wie die von ihnen praktizierte Religion und den dazugehörigen Propheten. Das alles passiert aber nicht, darum handelt es sich auch um keinen Battle Rap, aus dem sich das Recht zu Übertreibung und »uneigentlichem Sprechen« ableiten ließe.

Nun könnte man auch sagen: Es handelt sich um eine Provokation; und dies ist ja eine der ältesten Gesten in der populären Musik. Seit dem Beginn der modernen Popgeschichte, sagen wir: seit den ersten hypersexualisierten Hüftschwüngen von Elvis Presley, zählt die Provokation des echten oder vermeintlichen Mehrheitsgeschmacks, der »bürgerlichen Normen«, der Elterngeneration zu den

wesentlichen Antrieben dieser Musik und der dazugehörigen Inszenierungen: Wer Aufmerksamkeit will, der
sucht den Eklat. Doch auch diese Erklärung greift bei
Kollegah und Farid Bang nicht; denn sie brauchen ja gar
keinen Eklat, um ihre Musik unter die Leute zu bringen.
Ihr Album wurde, wie schon gesagt, in den ersten drei
Monaten 200 000-mal verkauft und über 30 Millionen Mal
gestreamt, ohne dass es irgendeine nennenswerte Debatte
über antisemitische oder sonst wie reaktionäre Textzeilen gegeben hätte. Die Wahrheit ist also noch viel tris-
ter: Die Hörer von Kollegah und Farid Bang, deren Zahl in
Deutschland in die Millionen geht, stoßen sich nicht im
Geringsten an Auschwitzwitzen und Gewaltfantasien und
an der atemberaubend abstoßenden sexistischen Sprache,
die beide Reimkünstler pflegen. Kollegah etwa rappt in
dem Song »Ave Maria«, ebenfalls auf dem Echo-nominier-
ten Album: »Dein Chick ist 'ne Broke-Ass-Bitch, denn ich
fick' sie, bis ihr Steißbein bricht«.[20]

Es handelt sich also weder um einen – wie auch immer – ironisch gebrochenen oder sonst wie kodifizierten
Battle Rap mit einer »uneigentlichen« Sprache noch um
eine Provokation, sondern lediglich um »hate speech«,
um eindimensionale Hassreden. Das Besondere an diesen
Hassreden liegt nun in der Art und Weise, mit der ihre
Akteure und Profiteure sich zugleich der Verantwortung
für den von ihnen ventilierten oder beförderten Hass zu
entziehen versuchen. Rund um die Echo-Ereignisse stößt
man immer wieder auf dieselbe rhetorische Figur. Ein an-

stößiger Vergleich, eine Diskriminierung, eine Herabwürdigung wird in die Welt gesetzt und erfreut sich aufgrund ihres diskriminierenden Charakters großer Beliebtheit. Sofern jedoch diese diskriminierende Einlassung aus demselben Grunde kritisiert – oder auch überhaupt nur als solche benannt – wird, weisen alle Beteiligten die Verantwortung für ihr Handeln von sich.

Wahlweise ist »alles nicht so gemeint«, oder man hat »damit nichts zu tun«. Die Verantwortlichen des Echo haben nichts damit zu tun, dass die beiden Rapper bei ihrer Gala auftreten, denn über die Nominierung haben ja die Verkaufszahlen entschieden. Die Verantwortlichen bei der Firma Bertelsmann haben nichts damit zu tun, denn letzlich haben sie nur den Vertrieb des Albums und das Marketing übernommen; produziert und veröffentlicht haben andere, und ansonsten gilt »das hohe Gut« der Kunstfreiheit, wie es der CEO der Bertelsmann Music Group, Hartwig Masuch, auf die Kritik nach der Echo-Verleihung hin formuliert. Und schließlich die Rapper selbst: Auch sie sehen sich nicht in der Verantwortung für ihre Texte, denn diese sind »nicht so gemeint«, wie es auch Außenstehende glauben; sie folgen Regeln, die nur Eingeweihte verstehen. Und wer sie für das, was sie rappen, zur Verantwortung ziehen will, den denunzieren sie als Schergen der Lügenpresse oder einer anderen Institution des Systems; als jemanden mithin, der aus ideologischer Verblendung oder reiner Missgunst ihre Karriere zerstören will.

Das heißt: Es steht nun eine antisemitische Verhöhnung im Raum sowie ein Haufen rassistischer und sexistischer Gewaltfantasien – und niemand, wirklich niemand, kann etwas dafür; es hat sich schlicht so ergeben, es war einfach da; es sprach aus den Subjekten heraus, ohne dass diese sich als Subjekte ihrer Sprache zu erkennen geben wollen: Es handelt sich um einen Hass, der keinen Sender besitzt; um einen Hass ohne Subjekt, das hasst.

Die wesentliche Pose von Kollegah und Farid Bang ist jene des dominanten und aggressiven Täters; aber wenn sie Kritik erfahren, ziehen sie sich sogleich auf die Rolle des ungerechtfertigterweise diskriminierten Opfers zurück. Das ist insofern interessant, als es typisch ist für ein bestimmtes Modell der Männlichkeit, das in der Popmusik der letzten Jahre sichtbar geworden ist: das Modell des aggressiven, großsprecherischen, dominanzheischenden Mannes, der sich zugleich weigert – oder nicht dazu in der Lage ist –, für seine Worte und Taten und deren Effekte Verantwortung zu übernehmen. Dem klassischen patriarchalischen Modell, in dem Männer als dominantes, aber eben auch verantwortliches Geschlecht identifiziert werden, steht dieses diametral gegenüber.

Interessant ist aber noch etwas anderes, und zwar die Verspiegelung von Politik und Pop, die sich in der ästhetischen und rhetorischen Praxis von Kollegah und Farid Bang findet. Ihr Wechselspiel aus aggressiver Grenzüberschreitung und Grenzverschiebung einerseits sowie larmoyanter Selbstviktimisierung und Klage über den missgünstigen systemischen Mainstream andererseits entspricht ja gerade der rhetorischen Praxis jener Parteien, für deren Bezeichnung wir uns das Wort »Populismus« angewöhnt haben. Wenn, sagen wir einmal, der AfD-Mann Björn Höcke das Berliner Mahnmal für die Shoah als »Mahnmal der Schande« bezeichnet, um nach der kalkuliert erzeugten Erregung scheinbar wieder zurückzurudern und zu behaupten, dass er das »gar nicht so gemeint« habe, wie es verstanden wurde (nämlich als Relativierung der nationalsozialistischen Verbrechen, für die man seiner Ansicht nach kein Mahnmal braucht) – oder wenn der AfD-Parteivorsitzende Alexander Gauland die zwölf Jahre nationalsozialistischer Herrschaft als »Vogelschiss« der deutschen Geschichte bezeichnet, um sich hinterher aus jeder Verantwortung für die darin ausgedrückte Missachtung der Opfer dieses »Vogelschisses« zu entziehen und sich selber als Opfer einer missgünstigen linken Lügenpresse zu stilisieren –, dann gleicht dies den Inszenierungen von Kollegah und Farid Bang; einschließlich des Einvernehmens mit den jeweiligen Fans, die den diskriminierenden Hohn ebenso schmunzelnd goutieren wie die argumentativen Hakenschläge danach: Beides wird als gelungene Herausforderung eines »hypermoralischen« Establishments angesehen.

Kollegah und Farid Bang sind mitnichten die Ersten, bei denen sich diese Verspiegelung von Pop und populistischer Politik findet. Tatsächlich kann man den rhetorischen Dreischritt aus Grenzüberschreitung, Relativierung und Selbstviktimisierung – wie ich im Folgenden auch zeigen möchte – schon bei diversen HipHop-Künstlern und Rockbands der nuller und frühen zehner Jahre beobachten, bevor er dann in das Arsenal der neurechten Politik wandert. Wenn man so möchte, nimmt der populistische Pop einige Strategien des politischen Populismus vorweg.

Eine Woche nach der Echo-Verleihung gibt die Bertelsmann Music Group bekannt, dass sie die Zusammenarbeit mit Kollegah und Farid Bang und ihren Firmen beendet; überdies kündigt der Geschäftsführer des Musikkonzerns, Hartwig Masuch, eine Spende von 100 000 Euro für ein »Programm gegen den wachsenden Antisemitismus in Deutschland« an. Man wolle gemeinsam mit Expertengruppen eine Aufklärungskampagne entwickeln, die antisemitische Einstellungen an Schulen insbesondere in der deutschen Hauptstadt bekämpft.[21] Der vergleichsweise geringe Betrag im Vergleich zu den Einnahmen in Millionenhöhe lässt jedoch daran zweifeln, dass hier ein Unternehmen Verantwortung übernimmt. Und bis zum März 2019 sind den Worten von Hartwig Masuch auch nur wenige Taten gefolgt; das »Programm gegen den Antisemitismus« beschränkt sich bislang auf eine Veranstaltung mit dem Holocaust-Überlebenden Ben Lesser[22] und auf ein multikulturelles Songwriting Camp mit Jugendlichen[23]. Gleichwohl ist es dem Konzern schon durch die Ankündigung des moralischen Ablasshandels gelungen, dem Schlaglicht der Öffentlichkeit zu entkommen.

Für den Echo sind die Konsequenzen der Debatte deutlich drastischer. Am 25. April 2018 erklärt der Bundesverband der Musikindustrie, dass der Preis in seiner bestehenden Form abgeschafft wird. »Der Echo sei viele Jahre ein großartiger Preis und zugleich zentrales Branchenevent mit vielen bewegenden Momenten und herausragenden Künstlerinnen und Künstlern gewesen«, lässt sich der Vorstand in seiner Pressemitteilung zitieren. »Man wolle jedoch keinesfalls, dass dieser Musikpreis als Plattform für Antisemitismus, Frauenverachtung, Homophobie oder Gewaltverharmlosung wahrgenommen wird.«[24]

An dieser Wahrnehmung ist tatsächlich nichts mehr zu ändern gewesen: Einen Preis, der in der öffentlichen Debatte so diskreditiert wurde, möchte niemand mehr entgegennehmen. Das heißt aber andererseits nicht, dass sich die Probleme erledigt haben, die zum Ende des Echo führten. Die Art von Musik, mit der Kollegah und Farid Bang seit Jahren schon – und bis zu der Kontroverse weitgehend unbemerkt von der dadurch aufgescheuchten kritischen Öffentlichkeit – Millionen verdienen, gibt es weiterhin. Darum darf man die Abschaffung des Echo nicht als gelungene Teufelsaustreibung betrachten, nach der die Welt wieder ein Stück besser geworden ist. Bislang spiegelte der Preis – gerade weil er sich so trivial an den Verkaufszahlen orientierte – eben weitgehend ungefiltert die Schlechtheit der Welt und der dazugehörigen Musik. Auch ohne ihn und seine Skandale darf man die skandalöse Realität der aktuellen Popkultur nicht aus den Augen verlieren; und auch die Frage nicht, wo man – um noch einmal Campino zu zitieren – »die Grenze zieht«, jenseits deren das popkulturell typische Spiel mit Tabubrüchen und Provokationen zur reinen Hassrede regrediert und also ins Reaktionäre kippt.

Die Frage bleibt, warum diese Art der musikalischen Hassrede in den letzten Jahren so wenig kritisiert worden ist und wie man das ändert, ohne den Pop zugleich auf den Ausdruck rein politisch abgeleiteter Moralimperative zu verpflichten und dabei seinen ästhetischen Eigenwert zu verfehlen – wie man also wieder zu einer Art der Kritik zu gelangen vermag, die den Wert der Grenzüberschreitung erkennt und feiert, aber zugleich jene Grenzen benennt, an denen sich die Überschreitung in Diskriminierung und Hass verwandelt. Dazu möchte ich in den folgenden Kapiteln dieses Buchs einige Anhaltspunkte liefern.

2. Authentisch sexistisch
Der Gangsta-Rap und seine Öffentlichkeiten

Viele Betrachter waren überrascht von den Ereignissen beim Echo und vor allem von den Texten von Kollegah und Farid Bang: Dass deutscher HipHop dermaßen verroht und reaktionär sein kann, das war vielerorts unbekannt; was freilich eher der generellen Unlust an der Beschäftigung mit solcher Musik geschuldet sein dürfte als der Faktenlage. Tatsächlich gehören Misogynie, Sexismus und Homophobie seit Jahrzehnten zu den ideologischen Konstanten des Genres. Und auch wenn das Kurzzeitinteresse der Öffentlichkeit an diesem Thema nach dem Ende des Echo schlagartig wieder abgeflaut ist, so zeigt doch ein Blick auf die erfolgreichsten deutschen HipHop-Künstler um die Jahreswende 2018/2019 herum, dass die Lage so trostlos ist wie zuvor.

»Scheiß auf Beziehung, jede Frau ist eine Hure! / Frauen schreien, wenn ich ihr Arschloch ficke! / Halt dein Maul, sonst gibts gleich ne Schelle! / Mach was ich dir sage und zick mir nicht rum! / Leg dich hin und nimm mein

Schwanz in den Mund!« So heißt es in dem 2002 erschienenen Stück »Drogen, Sex, Gangbang« des damals 24-jährigen deutsch-tunesischen Rappers Anis Mohamed Youssef Ferchichi alias Bushido.[25] Das im Duett mit dem Berliner Rapper Manuel Romeike alias King Orgasmus One dargebotene Werk ist fraglos ein Schlüsselstück der deutschen Popmusik der nuller Jahre – ebenso wie das im Jahr darauf veröffentlichte Debütalbum von Bushido, »Vom Bordstein bis zur Skyline«. Hier heißt es beispielsweise in dem Stück »Berlin«: »Berlin wird wieder hart, denn wir verkloppen jede Schwuchtel / Berlin / Es ist meine Stadt, mein Bezirk / Du Nutte kannst nach Hause gehn, ab jetzt ist es Hardcore, du Opfer«.[26]

Bushido ist der erste Künstler, der das Genre des Gangsta-Rap erfolgreich nach Deutschland bringt. In den USA erfreut sich dieses schon seit den neunziger Jahren großer Beliebtheit, hierzulande haben in jener Zeit noch eher bürgerlich oder hippiehaft auftretende Ensembles wie die Fantastischen Vier oder Freundeskreis die musikalische Gestalt und die politische Tonlage des HipHop beherrscht. Das ändert sich mit den Künstlern des Aggro-Berlin-Labels, zu denen auch Bushido zu Anfang gehört, wie neben ihm etwa Sido, B-Tight und Fler. Allen gemein ist die Inszenierung einer sexuell und auch sonst wie aggressiven Männlichkeit: Frauen werden vor allem als Nutten und Huren angesprochen; es finden sich keinerlei Liebeslieder oder romantisch gefärbte Tonalitäten in dieser Musik, sondern lediglich Beschreibungen des Geschlechtsverkehrs, in denen der Mann die dominante Rolle einnimmt und seinen Lustgewinn wesentlich aus der Erzeugung von Schmerzen bezieht: »Ihr wollt Romantik, ich ficke mit der Faust / Ich mag es, wenn du weinst, komm Nutte, bounce«, heißt es in dem ebenfalls auf Bushidos Debütalbum erschienenen Stück »Pussy«.[27]

Als Gegenbild zu diesem aufgeplusterten Maskulinismus dient der schwache, unterlegene, nichtmännliche Mann, wobei die mangelnde Männlichkeit bevorzugt als homosexuell beschrieben wird. Die »Schwuchteln« werden, wie in dem »Berlin«-Song, »verkloppt« oder »gejagt«: »Ab jetzt heißt es Gangsta Rap, yeah / Jeden von euch schwulen Toys / Ich jag dich und deine Boys / Pass gut auf wohin du läufst, yeah«, rappt Bushido in dem Stück »Tempelhof Rock« aus dem Jahr 2002. Die in dem Lied »Das Leben ist hart« aus dem Jahr 2005 ursprünglich erst enthaltene Zeile »Ihr Tunten werdet vergast«[28] wird offenkundig auf Druck der Plattenfirma noch vor Erscheinen in »Ihr Tunten werdet verarscht«[29] abgewandelt.

Dass Popmusik in so drastischer Weise zum Medium sexistischen und homophoben Hasses wird, ist jedenfalls in deutscher Sprache Anfang der nuller Jahre noch neu. Dennoch regt sich in der Öffentlichkeit wenig Widerspruch. Auch als etwa Bushido und Sido schon Goldene Schallplatten für ihre Werke erhalten, läuft ihre Musik noch lange unter dem Radar der kulturkritischen Kommentatoren und Kommentatorinnen hindurch. Das ändert sich erst, als der Aggro-Berlin-Rapper Fler im Jahr 2005 sein Debütalbum »Neue Deutsche Welle« veröffentlicht und dabei mit patriotischer und nationalsozialistischer Symbolik kokettiert. Er schreibt seinen Namen in Fraktur, posiert mit dem Reichsadler, rappt in dem Titelstück beispielsweise die Zeile »Das ist Schwarz-Rot-Gold: hart und stolz«[30] und lässt die Platte vorab mit einer Abwandlung von Adolf Hitlers Weltkriegseröffnungssatz bewerben: »Am 1. Mai wird zurückgeschossen!«

Daraufhin erhebt sich erstmals in größerem Umfang Kritik an der Rhetorik des deutschen Gangsta-Rap: Die Vorsitzende des Medienausschusses im Deutschen Bundestag, die SPD-Politikerin Monika Griefahn, fordert Radiostationen und Fernsehsender dazu auf, »aggressive und rassistische HipHop-Songs von deutschen Rappern aus dem Programm zu nehmen«[31] und entfacht damit eine – allerdings kurze – Debatte über die Verrohung der Sprache und der Weltbilder im Genre. Wesentlich länger hält sich die Stellung, die Griefahn sich damit als bevorzugtes Opfer von Schmäh- und Hasstexten im deutschen Sprechgesang erarbeitet hat. Erst nach ihrem Protest gegen den Flirt mit der NS-Ästhetik geraten auch die sexistischen und homophoben Hasstexte von Fler in den Blick, womit die Chronologie der Kontroverse über die Musik von Kollegah und Farid Bang vorweggenommen wird: Auch in deren Fall ist es ja zunächst die widerliche Zeile über die »definierten« Körper von »Auschwitzinsassen«, die für die öffentliche Erregung und Aufmerksamkeit sorgt – bevor sich die Betrachtung in einem zweiten Schritt dem

Frauenhass der beiden Rapper zuwendet. Hier wie dort, 2018 wie schon 2005, scheinen Sexismus, Misogynie und das offensive Lob sexualisierter Gewalt alleine nicht auszureichen, um die Öffentlichkeit zum Widerspruch gegen die dazugehörige Musik zu reizen. Es muss erst eine Provokation mit den schweren Zeichen des Nationalsozialismus und der Shoah hinzutreten, bevor sich etwas regt.

Der erste größere Artikel, der sich in der Folge des »Neue Deutsche Welle«-Skandals mit den aufstrebenden Gangsta-Rappern befasst, erscheint im September 2005 in dem feministischen Monatsmagazin »Emma«. Darin beschreibt die Autorin Theresa Bäuerlein die Rhetorik und das Vokabular der Musiker und wirft einen Blick auf das Publikum: »Nun ist es nicht so, dass nur entflohene Sträflinge deutschen Macho-Rap hören wollen. Die Konzerthallen von Bushido, Sido und Konsorten sind voll von ganz normalen Jugendlichen, Bravo-Lesern und BWL-Studenten. Sie lieben die Rapper dafür, dass sie sich scheinbar einen Dreck um jene Werte scheren, die Jugendschützer, Eltern und Lehrer hochhalten. Es ist kaum zu glauben, wie viele Frauen Bushido-Konzerte besuchen und begeistert johlen, wenn auf der Bühne ›Nutte Bounce‹ gebrüllt wird. Wie passt das zusammen? Eigentlich gar nicht. Doch die Berliner Rapper umgibt jener Glorienschein der Authentizität, der Kids und Musikkritiker gleichermaßen fasziniert und der von den Plattenfirmen sorgfältig gepflegt wird.«[32]

Die vermeintliche Authentizität ist freilich nur eine Seite der ambivalenten Persönlichkeitsinszenierung, mit der wir es hier zu tun haben. Bushido und seine Gesinnungs- und Geistesbrüder geben sich gleichzeitig als echte harte Jungs von der Straße, die unter schwierigen Umständen aufgewachsen sind und allerlei Diskriminierungserfahrungen zu erleiden hatten – sowie als gewitzte Provokateure, die mit ihren Rollenmodellen spielen und im Zweifel also doch nicht »sie selber« sind, sondern Darsteller von Figuren und Charakteren, die für das Dargestellte nicht zur Verantwortung zu ziehen sind. Das »Authentische« und der »Fake« befinden sich hier im Zustand einer stetigen Überlagerung.

Besonders Bushido gelingt es in Interviews und später auch Talkshows, sich gegenüber einer breiteren Öffentlichkeit als intelligenter und sanfter Gesprächspartner zu präsentieren – während er für seine Fans weiterhin den harten und reaktionären Macho gibt, der um eine stete Überbietung der eigenen Krassheit und Tabubrüche nie verlegen ist. Er kann also zwei Öffentlichkeiten gleichzeitig bedienen, die bürgerliche Öffentlichkeit *und* ein Publikum, das eine möglichst krasse Herausforderung der bürgerlichen Moralvorstellungen und Gepflogenheiten erwartet. Damit nimmt er eine Strategie vorweg, die man später auch bei den Politikern des Rechtspopulismus finden wird, auch sie geben sich in der massenmedialen Öffentlichkeit ja gern konziliant, während sie in ihren Filterblasen in den sozialen Netzwerken die Rhetorik konsequent verschärfen und auf diese Weise die Stimmung anheizen.

Dass er irgendeine Verantwortung für die von ihm gerappten Texte haben könnte, streitet Bushido ohnehin grundsätzlich ab, darin unterscheidet er sich nicht von Kollegah und Farid Bang. In einem Interview mit der *Welt am Sonntag* im Jahr 2005 spricht der Kritiker Harald Peters ihn darauf an, dass er seiner Hörerschaft ja »kein besonders aufklärerisches Weltbild vermittelt«, darauf antwortet Bushido: »Zum Aufbau eines Weltbildes sind die Platten auch nicht gedacht. Eltern sind dafür verantwortlich, ihren Kindern zu erklären, was richtig und was falsch ist.«[33]

Der öffentlichen Akzeptanz von Bushido schadet die kurze Debatte um den Gangsta-Rap 2005 jedenfalls nicht. In den folgenden drei Jahren gewinnt er vier Echo-Trophäen, ohne dass sich dagegen – anders als später bei Kollegah und Farid Bang sowie bei Frei.Wild, von denen in Kapitel sieben noch die Rede sein wird – irgendeine Art des Protests geregt hätte. Im Jahr 2007 engagiert ihn die damals noch massenwirksame Jugendzeitschrift *Bravo* als Stargast für ein »Festival gegen Gewalt an Schulen« vor dem Brandenburger Tor in Berlin. Zwar gibt es dagegen kleinere Proteste: Doch zu einer Demonstration des Berlin-Brandenburger Lesben- und Schwulenverbands kommen lediglich etwa 50 Teilnehmer, während sich vor der Hauptbühne knapp 50 000 Zuschauer drängen[34]. Bushido selbst nutzt diese Gelegenheit, sich als verfolgte Unschuld zu inszenieren. »Es würde mir nie einfallen, gegen Schwule zu demonstrieren«, sagt er in einer kurzen Ansprache am

Schluss seines Konzerts: »Aber denkt dran, liebe Schwule, Analverkehr nur mit Verhütungsmittel«, woraufhin zehntausende seiner Fans im Kinder- und Teenager-Alter zustimmend buhen und schreien.

Diese Art des sexualpolitischen Konservatismus stößt gerade auch bei konservativen Politikern auf Sympathie. Beim Münchener Filmball 2010 zeigt sich der bayerische Ministerpräsident Horst Seehofer in brüderlicher Umarmung mit Bushido und verkündet gegenüber der Bild-Zeitung den Wunsch, dieser möge der CSU doch »einen Wahlkampfsong komponieren«[35]; auch der Bundeswirtschaftsminister Rainer Brüderle (FDP) lässt sich mit ihm in inniger Freundschaft abbilden. 2011 erhält Bushido einen »Bambi«-Preis der Hubert Burda Stiftung, den diese nach eigener Auskunft an »Menschen mit Visionen und Kreativität« verleiht, »deren herausragende Erfolge und Leistungen sich im ablaufenden Jahr in den Medien widerspiegelten«.

Im folgenden Jahr, 2012, wird er von dem mittelstandspolitischen Sprecher der CDU, Christian Freiherr von Stetten, zu einem Praktikum im Bundestag eingeladen: »Er ist hochinteressiert und hochintelligent«, lobt der Politiker seinen neuen Schützling und verschafft diesem Gelegenheit, sich ganz staatstragend auf der Besuchertribüne fotografieren zu lassen, während er der Regierungserklärung von Angela Merkel lauscht[36]; anschließend lässt er sich auch noch mit dem damaligen Bundesinnenminister Hans-Peter Friedrich (CSU) fotografieren.

Die Sympathie gerade des rechten Flügels der deutschen Konservativen für Bushido wirkt im Nachhinein noch folgerichtiger, als sie damals erschien: wie ein vorausschauender Gehorsam gegenüber dem sich wandelnden Stimmungsbild in der Gesellschaft, der allmählichen Verschiebung des Diskurses nach rechts. Denn wie zehn Jahre später die politischen Rechtspopulisten fordern Rapper wie Bushido schon Mitte bis Ende der nuller Jahre unermüdlich die »politische Korrektheit« der vermeintlichen Mehrheitsgesellschaft oder – wie es in AfD-Kreisen später heißen wird – des »linksgrün versifften Mainstream« heraus. Unermüdlich verschiebt er die Grenzen des Sagbaren, insbesondere was das Vokabular der Erniedrigung und des Hasses betrifft. Gekoppelt an diese Verschiebung ist ein rückwärtsgewandtes patriarchales Weltbild; schon in der ersten Nummer, mit der Bushido 2002 für Aufsehen sorgt, heißt es ja: »Zieh dich nackig aus und fang an zu saugen! / Meine Wohnung soll sauber sein, Nutte ich hab Hunger! / Nimm dein Kochlöffel und koch mir endlich Hummer!«

Manche Zeitgenossen haben in solche Zeilen wegen ihrer absurden Übersteigerung zunächst eine Art ironische Selbstdekonstruktion hineinlesen wollen; freilich stellt sich im weiteren Verlauf des Bushido'schen Schaffens heraus, dass er zu keinerlei Ironie fähig ist und die in seinen Texten anklingenden Positionen zur gesellschaftlichen Ordnung der Geschlechter auch im Privatleben vertritt. In dem bereits erwähnten Interview mit der Welt am Sonntag aus dem Jahr 2005 wird er gefragt, ob die Darstellung von Frauen in seinen Liedern seiner persönlichen Einstellung entspricht. Darauf antwortet Bushido: »Ich bin schon für Gleichberechtigung, aber es gibt trotzdem Sachen, die muss eine Frau machen, und es gibt Sachen, die ein Mann machen muss. Natürlich kann ich auch kochen, aber wenn eine Frau im Haushalt ist, dann sollte sie es übernehmen, weil es eine Tätigkeit ist, die ihr näher liegt.«[37]

Auch insofern nimmt er wesentliche Elemente des späteren Rechtspopulismus vorweg: Wie diesem gilt auch ihm jede Lebensweise, die sich nicht streng am überkommenen heterosexuellen Imperativ orientiert, als abzulehnender oder auch ekliger Genderwahnsinn. In unserer Gegenwart des Jahres 2019 ist es wieder normal geworden, solche patriarchalen und sexistischen Auffassungen zu vertreten, wir werden sie in Kapitel sechs etwa auch bei dem österreichischen Schlager-Rock-Sänger Andreas Gabalier wieder treffen. In den nuller Jahren ist das offensive Bekenntnis zu reaktionären Geschlechterbildern, zur Misogynie und zur Homophobie aber noch relativ selten, jenseits der Gangsta-Rap-Szene herrscht in der Popmusik eher eine Liberalisierung und Verflüssigung der überkommenen sexuellen Rollenmodelle vor.[38]

So bildet der Gangsta-Rap in den nuller Jahren gewissermaßen ein Ghetto und ein Laboratorium der politischen Inkorrektheit von rechts; er bietet einen klar umgrenzten Freiraum, in dem reaktionäre Fantasien, Haltungen und Vokabulare ausprobiert werden können, die im gesellschaftlichen Mainstream jener Zeit noch nicht erlaubt sind, aber im Verlauf der folgenden Jahre in diesen Mainstream einsickern werden. Dass hier bereits möglich ist, was anderswo noch verboten erscheint, liegt wesentlich auch daran, dass es sich bei den Akteuren zum weit überwiegenden Teil um Männer mit Migrationshintergrund handelt. Wegen ihres von ihnen ausgiebig gepflegten Status als soziale und kulturelle Außenseiter werden ihnen grobe und gewalttätige Texte und scheinbar rückständige Verhaltens- und Denkweisen zugestanden, die bei Männern ohne Migrationshintergrund – sagen wir einmal: bei aus Deutschland gebürtigen Nazi-Punkrockern – wesentlich schärfer kritisiert würden. Und sie eignen sich besser zur Projektion und zum Ausleben von damals noch tabuisierten Wünschen und Sprechweisen der nichtmigrantischen Mehrheitsgesellschaft: Bushido und seine Kollegen fungieren auch als ungezähmte, gefährliche Wilde, für die die Gesetze der Zivilisation nicht gelten und die sich als Identifikation für all jene anbieten, die diesen Gesetzen für die Dauer des Musikhörens entfliehen möchten.

Gerade auch die linke und emanzipatorische Kritik tut sich lange Zeit schwer damit, den Sexismus und die Homophobie im deutschen Gangsta-Rap beim Namen zu nennen. Im Zweifelsfall zieht man sich auf die Einschätzung zurück, dass nicht der von Bushido propagierte Sexismus hier das Problem darstellt, sondern der gesamtgesellschaftliche Sexismus, der sich in den – weil direkt von der Straße oder aus dem »Ghetto« kommenden – Rap-Texten ungefiltert widerspiegelt. Nicht die rappenden Subjekte tragen also die Verantwortung für ihre diskriminierenden Texte, sondern »die Gesellschaft«.

Dieses Argument ist nicht aus der Luft gegriffen, insofern es daran erinnert, dass sich sexistische und reaktionäre Verhaltensweisen keineswegs nur bei migrantischen Männern finden; ebenso wenig, wie sich – wie wir im folgenden Kapitel sehen werden – antisemitische Einstellungen auf Rapper muslimischen Glaubens beschränken und also von außen in den Pop und die Gesellschaft »importiert« werden. Was sich in der schrillen Übersteigerung durch Männer aus Minderheitenkulturen zeigt – das sind Einstellungen, Werte und Verhaltensweisen, die wesentlich aus der Mehrheitskultur stammen. Das ist in Deutschland nicht anders als in den USA, wo die Debatte um Sexismus und Verrohung im Rap schon Mitte der neunziger Jahre geführt wurde, nach den ersten Erfolgen von Dr. Dre und Tupac Shakur. »Gangsta-Rap, das ist diese enorm erfolgreiche Musik, in der alle Frauen Schlampen und Huren sind (›bitches and whores‹) und der Lieblingssport der Männer im gegenseitigen Umbringen besteht«, informiert der afroamerikanische Autor Brent Staples im August 1993 die Leserschaft der New York Times.[39]

»Die weiß beherrschten Massenmedien machen aus der Kontroverse um den Gangsta-Rap ein großes Spektakel«, entgegnet ihm im folgenden Jahr die afroamerikanische Literaturwissenschaftlerin bell hooks in ihrem einschlägigen Text »Gangsta Culture – Sexism and Misogyny«; bei diesem Spektakel gehe es vor allem darum, »schwarze

Jugendkultur im Allgemeinen und den Beitrag junger schwarzer Männer im Besonderen zu dämonisieren«. Etwas Wesentliches werde dabei verschwiegen: »Die sexistischen, misogynen, patriarchalen Arten des Denkens und Verhaltens, die im Gangsta-Rap glorifiziert werden, spiegeln lediglich die in unserer Gesellschaft vorherrschenden Werte – und dies sind Werte, die vom weißen, suprematistischen, kapitalistischen Patriarchat erschaffen und aufrechterhalten werden.«[40] Darum sei es auch falsch, in dem extremen Frauenhass der Gangsta-Rapper lediglich den Ausdruck männlicher Devianz zu sehen: »Tatsächlich ist diese Art der Misogynie bloß Teil eines sexistischen Kontinuums, das zur Aufrechterhaltung der patriarchalen Gesellschaftsordnung notwendig ist.«

Das bedeute im Umkehrschluss aber auch wieder nicht, so bell hooks, dass »eine entschiedene feministische Kritik« am Sexismus des HipHop nicht gebraucht würde. »Schwarze Männer, junge wie alte, müssen sich für ihren Sexismus in die politische Verantwortung nehmen lassen.«[41] Und ihnen müsse klargemacht werden, dass der breite Erfolg ihrer maskulinistischen und frauenfeindlichen Texte gerade kein Zeichen der männlichen Souveränität ist – sondern vielmehr ein Zeichen der Schwäche und Unterwerfung unter die Macht des »weißen suprematistischen Kapitalismus«, der schwarze Männer bloß als radikales Sprachrohr eines generell »antifeministischen Backlash« benutzt. Die Roheit und die Brutalität ihrer sexistischen Texte würden gebraucht, um die Herrschaft des

Patriarchats gegen die feministische Emanzipation zu verteidigen. Aber für »zivilisierte«, also weiße Männer verbiete sich solche Drastik, darum kämen die schwarzen Rapper als willige Vollstrecker animalischer Unzivilisiertheit gerade recht.[42] Man könnte auch sagen: Sie sind nützliche Idioten eines rassistischen Systems, das sie als ihr Anderes braucht, um sich ideologisch zu stabilisieren.

Die Analyse von bell hooks lässt sich auf die deutschen Verhältnisse gut übertragen. Denn auch Bushido und die Aggro-Berlin-Rapper sowie später Kollegah und Farid Bang sind nützliche Idioten eines neuen reaktionären Mainstreams, der sie einerseits als tabulose und unzivilisierte Spachrohre seiner Ideologie braucht sowie andererseits als klischeehafte Feindbilder.

Denn als muslimisch geprägte Parallelweltbewohner mit einer – etwa von Bushido gern ausgestellten – Nähe zur organisierten Kriminalität entsprechen sie ja eigentlich gerade dem Schreckbild, das der rechte Flügel der Konservativen und später die AfD von nichtintegrationswilligen Migranten zeichnen. So kommt den deutschen Gangsta-Rappern der ersten Generation das unzweifelhafte Verdienst zu, die breite kulturelle Verschiebung nach rechts, die wir in den vergangenen Jahren beobachten konnten, in doppelter Weise mit vorangetrieben zu haben: als stereotype Verkörperung der vom Populismus beschworenen Gefahr eines gescheiterten Multikulturalismus – und als Protagonisten jenes patriarchalen Männlichkeitsbilds, das im innersten Kern des populistischen Weltbilds liegt.

Entsprechend parallel haben sich auch die Erfolgsgeschichten vollzogen. So wie der Rechtspopulismus heute zu weiten Teilen den kulturellen und politischen Diskurs prägt, so stieg in den anderthalb Jahrzehnten seit Bushidos ersten Erfolgen der Gangsta-Rap zum prägenden Genre in der deutschen Popmusik auf. Sexismus, Misogynie und Homophobie sind zu weiterhin kaum kritisierten und dadurch auf unheimliche Weise selbstverständlich gewordenen Konstanten in der Rhetorik des HipHop geworden – jedenfalls in jenem HipHop, der die deutschen Hitparaden regiert.

So befanden sich unter den drei bestverkauften und in den Streaming-Diensten meistgehörten Alben des Jahres 2018 gleich zwei Werke von maskulinistischen Gangsta-Rappern, nämlich »Palmen aus Plastik 2« von Bonez MC und RAF Camora sowie »Wolke 7« von Gzuz. Insbesondere Bonez MC und RAF Camora haben die für das Genre typische Misogynie noch einmal ausdifferenziert: Sie unterscheiden zwischen den an für sich sowieso schon wertlosen Frauen im Allgemeinen und *besonders* wertlosen Frauen; Letztere zeichnen sich dadurch aus, dass sie aus Osteuropa oder Ostdeutschland kommen. In dem Stück »Tannen aus Plastik« aus dem Jahr 2016 feiern Bonez MC und RAF Camora beispielsweise ihre Erfolge und ihren Reichtum, indem sie »mit zwei, drei Mädchen vom Balkan« im Alfa Romeo durch die Stadt fahren[43]; in ihrem Stück »Attackieren« aus demselben Jahr freuen sie sich »auf der Suche nach Sex« über »ein, zwei ostdeutsche

Groupies im Bett«[44]. Für diese Art der Mehrfachdiskriminierung können wiederum Kollegah und Farid Bang als Pioniere gelten: »Fahr' in den Saunaclub und ficke circa sechs Rumäninnen«, heißt es etwa in ihrem Stück »Kobrakopf« aus dem Jahr 2011[45]. »So wird die Frau hier nicht nur auf ihren Körper und ihre Sexualität reduziert, sondern diese/r wird durch die ungenaue Zahlenangabe auch als preiswerte und gleichsam minderwertige Ware dargestellt«, schreibt die Kulturwissenschaftlerin Heidi Süß in einem instruktiven Essay aus dem Jahr 2018.[46]

Und der Hamburger Rapper Gzuz, der sonst gemeinsam mit Bonez MC in dem Ensemble 187 Straßenbande beschäftigt ist, rappt in dem auf »Wolke 7« enthaltenen Stück »Was hast du gedacht«: »Sie fragen: Gzuz, ist das echt, was du rappst? / Und alleine für die Frage gibt's direkt mal ein Brett / Bring deine Alte mit, sie wird im Backstage zerfetzt / Ganz normal, danach landet dann das Sextape im Netz«. Wären im Jahr 2019 noch einmal die Echos verliehen worden, so wären – aufgrund der am Verkaufserfolg orientierten Regularien – Bonez MC, RAF Camora und Gzuz unweigerlich unter den Nominierten gewesen. Hätte dies eine Debatte ausgelöst? In den Feuilletons herrscht vornehmlich das übliche, stillschweigend einvernehmliche Desinteresse an ihrer Musik.

3. Der drittliebste Hass

Wie die Popkultur den Antisemitismus befeuert

In noch einer zweiten Hinsicht kann man Bushido als Pionier der weltanschaulichen Verschiebung im deutschen Pop der letzten Jahrzehnte betrachten: Er ist auch der erste massenbegeisternde Künstler hierzulande seit langer Zeit, der ausdrücklich mit antisemitischen Ressentiments spielt. 2005, also im selben Jahr, in dem sein ehemaliger Labelkollege Fler mit »Neue Deutsche Welle« für Aufsehen sorgt, rappt Bushido auf dem Album »Carlo Cokxxx Nutten II« in dem Stück »Taliban«: »Wenn ich will, seid ihr alle tot / Ich bin ein Taliban / Ihr Missgeburten habt nur Kugeln aus Marzipan (…) C'est la vie, ich mach'n Anschlag wie Tel Aviv«.[47] Damit nimmt er bereits jene Begeisterung für islamistische Terroristen vorweg, die sich – wie wir bereits gesehen haben – später auch bei Kollegah und Farid Bang findet. So wie diese in ihrem Song »0815« nicht nur die »Auschwitzinsassen« verhöhnen, sondern auch die Opfer des islamistischen Anschlags auf die mehrheitlich jüdische Redaktion des Charlie-Hebdo-Magazins im Januar 2015[48], so postet Bushido einen Tag nach dem Attentat in Paris auf seinem Instagram-Account ein Bild von sich, auf dem er einen »Paris«-Pullover trägt, und stellt daneben den Kommentar: »Bald geht's wieder rund«.[49] Auch der Berliner Rapper Friedrich Kautz alias Prinz Pi zeigt sich am selben Tag auf seinem Facebook-Account mit einem »Paris«-Pullover[50], er hat sich schon im Jahr 2006 in seinem Stück »Ich gehe« als Mitglied der »Generation Jihad« bekannt: »Es ist die Generation Jihad, die heut' aus mir spricht / (…) / Weil meine Zeilen die Welt verändern / Wär' das passende Releasedate für mein Album der 11. September.«[51]

Mitte der nuller Jahre beginnt sich neben dem Hass auf Frauen und dem Hass auf Schwule auch der Hass auf Juden als drittliebste Hass-Sorte der deutschsprachigen Rapper durchzusetzen. Der deutsch-kurdische, in Frankfurt lebende Künstler Azad erklärt 2006 im »Hochhausrap« seines Ensembles Warheit die »Machtübernahme über Nacht« und den »Rap Holocaust«, um dann zu bekennen: »Ich komm wie« – Scherbengeräusch – »und von Dir Schmock bleibt nur Asche«, wobei man nur wenig Fantasie braucht, um den Namen dessen zu ergänzen, der vom Scherbengeräusch übertönt wird. Am 1. Mai desselben Jahres tritt der deutsch-jüdische Rapper Ben Salomo auf dem links-alternativen Myfest in Berlin-Kreuzberg auf; unmittelbar nach ihm – so erinnert Ben Salomo sich in seiner Autobiografie – kommt ein junger Nachwuchskünstler namens Deso Dogg auf die Bühne. »Noch bevor er auch nur einen Reim ins Mikrofon gekickt hatte, stellte er sich vor das Publikum, zog eine Fahne der Hisbollah aus seinem Rucksack und schwenkte sie durch die Luft. Vor der Bühne standen etwa 2000 Leute, und als sie die Fahne erblickten, grölten sie fanatisch. (…) Ich war schockiert. (…) All diese Leute, die von sich behaupten, sie seien HipHop, links und tolerant – die applaudierten begeistert einem Rapper, der eine islamistische Terrororganisation feierte.«[52]

Deso Dogg, der eigentlich Denis Cuspert heißt, bleibt als Rapper allerdings eher erfolglos; sein letztes Album aus dem Jahr 2009 trägt den Titel »Alle Augen auf mich« (»All Eyez On Us« heißt der Song, den Kollegah und Farid Bang bei der Echo-Preisverleihung 2018 darbieten). Bis zum Ende des Jahrzehnts sattelt er auf den Beruf des islamistischen Predigers um, 2013 schließt er sich den Dschihadisten im syrischen Bürgerkrieg an und schwört dem »Islamischen Staat« die Treue.[53] Im Oktober 2015 scheint er bei einem Luftangriff in Syrien ums Leben gekommen zu sein.[54]

Ben Salomo zieht sich nach dem Auftritt von Deso Dogg bis auf weiteres aus dem HipHop zurück. Rückblickend, schreibt er in seiner Autobiografie, sehe er »in diesem Vorfall den Augenblick, in dem islamistische Tendenzen und die dazu passenden Narrative in der deutschen Rap-Szene massentauglich wurden«.[55] Bis dahin habe er diese Musik gerade wegen ihres egalitären Charakters geliebt – weil es in ihr keine Rolle spielte, »wo du herkommst, was du bist, welchen Hintergrund du hast«. Das aber habe sich geändert, »je mehr Migranten mit arabischem, iranischem oder türkischem beziehungsweise muslimischem Hintergrund dazukamen«. Sie, so Salomon, »bedienten sich in ihren Songs und Musikvideos antisemitischer Verschwörungstheorien, gepaart mit einer militant islamistischen Symbolik und Bildsprache. Bedauerlicherweise muss ich sagen, dass ich 90 Prozent meiner antisemitischen Erfahrungen mit eben genau diesen Leuten habe machen müssen.«[56]

In der breiteren deutschen Öffentlichkeit wird diese weltanschauliche Verschiebung nach rechts so wenig wahrgenommen und kritisiert wie der Sexismus und die Homophobie der Gangsta-Rapper; lediglich in der Jüdischen Allgemeinen finden sich seit 2007 regelmäßig Artikel dazu.[57] In den Feuilletons und sonstigen Organen der kulturkritischen Öffentlichkeit ist der deutschsprachige HipHop in dieser Zeit ohnehin kein Thema, er gilt als Musik der Unterschicht und heranwachsender, nicht sonderlich intelligenter junger Männer und mithin nicht als ästhetischer Gegenstand, der die Auseinandersetzung lohnt. Dass man den Blick auch auf Bereiche der populären Kultur wenden sollte, deren Betrachtung keine künstlerischen Genüsse verspricht, sondern allenfalls Einsichten in den – oftmals eben beklagenswerten – Zustand der uns umgebenden Gesellschaft: Das ist eine Maxime, die sich gerade in den deutschen Feuilletons bis heute nicht durchgesetzt hat. Erschwerend kommt hinzu, dass im Fall des HipHop auch kein kritischer Fachjournalismus existiert: Anders als in früheren Epochen des Pop haben sich rund um dieses Genre keine Magazine gebildet – sei es in gedruckter oder digitaler Form –, in denen die Musik mit der nötigen Distanz reflektiert und kritisiert würde.

Eine der wenigen Ausnahmen von der feuilletonistischen Ignoranz zeigt sich bei dem aus Offenbach stammenden deutsch-türkischen Rapper Aykut Anhan alias Haftbefehl, dem Anfang der zehner Jahre eine steile Karriere gelingt und der spätestens seit seinem vierten Album »Russisch Roulette« aus dem Jahr 2014 von der bürgerlichen Literaturkritik zum großen Sprachkünstler hochgeschrieben wird. So erklärt ihn etwa der Autor Daniel Haas in der ZEIT zum »deutschen Dichter der Stunde« und jubelt über »Short Storys von der Wucht eines Clemens Meyer und der Verspieltheit eines Dadaisten auf Speed«[58]. Sein Kollege Moritz von Uslar sekundiert ihm auf Twitter: »#Haftbefehl ist ein Genie (#life)«[59]. Dass die Texte von Haftbefehl von antijüdischen Stereotypen aller Art durchzogen sind, wird in solchen Elogen niemals zum Thema; es ist den Kritikern offenkundig egal. »Du nennst mich Terrorist, ich nenne dich Hurensohn / Gebe George Bush ein Kopfschuss und verfluche das Judentum«, heißt es in Haftbefehls frühem Song »Mama reich mir deine Hand«[60]. In dem Stück »Free Palestina« auf seinem Debütalbum »Azzlack Stereotyp« aus dem Jahr 2010 klagt er »die Juden« als solche an, weil sie »Krieg gegen Moslems« führen[61], in dem Song »Psst« aus demselben Jahr feiert er sich hingegen dafür, dass er »Kokain an die Juden von der Börse vertickt«[62].

Der deutsch-jüdische Comedian Oliver Polak schildert in seinem Buch »Gegen Judenhass«, wie er Haftbefehl im Jahr 2015 für die arte-Fernsehsendung »Durch die Nacht mit ...« trifft. Sie fahren im Auto durch das nächtliche Offenbach, und Polak erzählt, dass Haftbefehl ihn »vor laufender Kamera« als Erstes fragt, »ob meine Eltern reich seien, was ich mit ›Ne‹ beantworte und ihn frage, warum er das fragt. Er lacht und entgegnet, ›weil Juden meistens reich‹ sind.« Polak weiter: »Man könnte solche Vorurteile und Klischees überhören, als mehr oder weniger lässige Provokation eines Gangster-Rappers. Zumal dieser sich in darauffolgenden Interviews einsichtig gezeigt, mit seiner Offenbacher Herkunft argumentiert und zugegeben hat, dass bei ihm immer noch Spuren einer jugendlichen türkisch-arabischen Abneigung gegen reiche Juden vorhanden seien. Er aber heute wisse, dass so eine Äußerung wie die über die reichen Juden antisemitisch sei. Allerdings wurde seine Einsicht hinfällig, als er kurze Zeit später ebensolche jüdische Stereotype und Rothschild-Finanzherrschafts-Verschwörungstheorien auf die Platte ›Unzensiert‹ pressen ließ. Und so dazu beitrug, dass Jugendliche in Deutschland mit denselben dummen Feindbildern aufwachsen wie einst er selber.«[63]

Dabei ist Haftbefehl nicht der einzige Künstler, der den Nahostkonflikt allein »den Juden« anlastet. Auch Bushido sorgt im Jahr 2013 ein weiteres Mal für Aufsehen: Auf seinem Twitter-Profilbild zeigt er eine Karte des Nahen Ostens, aus welcher der Staat Israel vollständig getilgt worden ist. Das Territorium ist in den Farben der palästinensischen Nationalflagge gehalten; darüber prangt der Schriftzug »Free Palestine«.[64] Daraufhin entzieht sogar der CSU-Bundesinnenminister Hans-Peter Friedrich, der sich vorher noch so gerne bei der Verbrüderung mit Bushido ablichten ließ, diesem die Freundschaft. »Dieses Kartenbild dient nicht dem Frieden, sondern sät Hass«, sagt Friedrich der Bild am Sonntag: »Bushido muss dieses Bild sofort von seiner Twitter-Seite entfernen, andernfalls kann er nicht länger als Beispiel für gelungene Integration dienen.«[65] Wesentlich lässiger reagiert die israelische Botschaft in Berlin: »Erst Frauen, dann Schwule, nun #Israel: Wir sind stolz darauf, zu den Opfern des Integrationspreisgewinners #Bushido zu gehören« ist auf ihrem Twitter-Account zu lesen.[66]

Haftbefehl rappt, »die Juden« führten einen »Krieg gegen Moslems« und trügen die alleinige Schuld an der verfahrenen Lage im Nahen Osten; und Bushido insinuiert, die »Befreiung« der Palästinenser sei nur möglich, wenn der Staat Israel aufgelöst werde: Diese Überzeugungen teilen die beiden Rapper mit den Organisatoren der Kampagne »Boycott, Divestment and Sanctions«, kurz: BDS. Sie setzt sich seit ihrer Gründung im Jahr 2005 für den totalen wirtschaftlichen und kulturellen Boykott des israelischen Staates ein und gewinnt spätestens seit dem Jahr 2017 auch in Deutschland erheblich an Einfluss und Aufmerksamkeit.

In der Deutung von BDS ist Israel ein totalitärer, rassistischer, imperialistischer Staat, vergleichbar mit dem

Apartheidregime in Südafrika. So wie dieses in den achtziger Jahren mit einem wirtschaftlichen und kulturellen Boykott unter Druck gesetzt werden sollte, so wollen die Aktivisten von BDS nunmehr Israel international isolieren – und zwar so lange, bis der Staat seine Grenzen zu den Palästinensischen Autonomiegebieten bedingungslos öffnet und allen Menschen, die während des Palästinakriegs zwischen 1946 und 1948 fliehen mussten, sowie deren Nachfahren die Rückkehr bei voller staatsbürgerlicher Gleichberechtigung zugesteht[67] – während wiederum die in der Diaspora lebenden Juden und Jüdinnen ihre Rechte auf die israelische Staatsbürgerschaft verlieren sollten. Womit die jüdischstämmige Bevölkerung in Israel nicht nur zu einer kleinen Minderheit schrumpfte, sondern der dazugehörige Staat sich auch nicht mehr gegen islamistische Terrorgruppen wie etwa die im Gaza-Streifen regierende Hamas verteidigen könnte und also unweigerlich aufhörte zu existieren.»Die Negation einer jüdischen Nation ist eine Form von Antisemitismus«, hat die Historikerin und Holocaust-Forscherin Deborah Lipstadt dazu zutreffend bemerkt.[68]

Seit Mitte der nuller Jahre organisiert BDS Boykottaktionen unterschiedlicher Art, zunächst vor allem in Großbritannien und den USA, wo die Kampagne auch von prominenten Intellektuellen wie etwa der Philosophin Judith Butler unterstützt wird.[69] Unter anderem versucht BDS, Vorlesungen von israelischen Wissenschaftlern und Wissenschaftlerinnen an Universitäten zu verhindern;

demonstriert gegen Unternehmen, die in den völkerrechtlich umstrittenen Gebieten produzieren; entfacht Kampagnen gegen Musiker, Musikerinnen und Bands, die in Israel ein Konzert geben wollen – oder gegen Israelis, die außerhalb ihres Landes auftreten möchten. In englischsprachigen Ländern feiert BDS damit schnell beachtliche Erfolge, zumal prominente Popmusiker sich zu Fürsprechern machen, allen voran der ehemalige Pink-Floyd-Bassist Roger Waters und der Musiker und Produzent Brian Eno. In Deutschland dauert es relativ lange, bis die Kampagne öffentliche Aufmerksamkeit erringen kann; wohl auch weil ihre Aufrufe zum wirtschaftlichen Boykott israelischer oder in Israel produzierender Firmen offenkundig sehr nahe am nationalsozialistischen »Kauft nicht bei Juden« agieren.

Ein erster größerer medialer Erfolg gelingt BDS im Jahr 2017, als sie zum Boykott eines Berliner Pop-Festivals mit dem Namen »Pop-Kultur« aufruft. Das Festival wird seit 2015 jährlich veranstaltet; bei dieser Ausgabe soll nun ein besonderer Schwerpunkt auf Künstlerinnen und Künstlern aus dem Nahen Osten und den arabischen Ländern liegen. Indem sie jüdische und muslimische (und christliche) Künstler auf ein und demselben Festival zusammenbringen, wollen die Veranstalter mit ihrem Programm auch einen Beitrag zur musikalischen Völkerverständigung leisten. Daraus wird nichts – weil die in Berlin anonym agierenden Kampagnenführer von BDS in den sozialen Netzwerken die Meldung verbreiten, das Festival sei vom israelischen Staat finanziert worden und dieser nehme auch Einfluss auf das Programm; mit dieser Botschaft kontaktieren sie fast alle teilnehmenden Künstler und Künstlerinnen sowie deren Managements und Agenturen und fordern sie zum Boykott auf.

Richtig ist, dass die israelische Botschaft in Berlin für das Konzert der Singer-Songwriterin Riff Cohen, einer Israelin algerisch-tunesisch-französischer Abstammung, einen Reisekostenzuschuss in Höhe von 500 Euro gezahlt hat. Aber auch als die BDS-Organisatoren ihre erste Meldung korrigieren und zugeben müssen, dass es keine israelische Einflussnahme auf das Programm gibt, bleiben sie unbeirrt bei ihrem Aufruf – nunmehr mit der Begründung, dass jegliche kulturelle Präsenz Israels boykottiert werden muss. Als besonders perfiden Schachzug der Pop-Kultur-Kuratoren stellen sie dabei den Umstand heraus, dass auf dem Festival auch viele queere und Transgender-Künstler auftreten sollen sowie People of Color. So versuche der Staat Israel, sich einen »hippen« und »multikulturellen« Anstrich zu geben. »Pinkwashing« nennen das die Organisatoren – ein dialektischer Dreh, auf den man erst einmal kommen muss: dass die kulturelle Förderung von Diversität in Wahrheit ein besonders verwerfliches Mittel der politischen Reaktion sei.[70]

Zur allgemeinen Überraschung des Publikums und zum Entsetzen der Veranstalter sagen nach der Kampagne von BDS sämtliche eingeladenen arabischen Künstler und Künstlerinnen ihre Teilnahme ab. Zum Beispiel die tunesische Sängerin Emel Mathlouthi, die mit ihren zarten, tapferen Liedern zur Stimme der Jasminrevolution geworden war. Oder der syrische Rapper Mohammed Abu Hadschar, der seit 2014 in Berlin im Exil lebt. Er beklagt sich hinterher auf seiner Homepage darüber, dass er nach seiner Absage als »Antisemit« und »Nazi« beschimpft worden sei – als sei er selber das Opfer einer Kampagne und nicht, wie in Wahrheit, deren Unterstützer. Für viele Betrachter und Betrachterinnen in Deutschland – den Verfasser dieser Zeilen eingeschlossen – bedeutet dies einen unerwarteten Einbruch der kulturellen und politischen Polarisierung in einen Bereich der populären Kultur, in dem man zuletzt vor allem den Sound der Versöhnung, des Aufbruchs und eines neuen Kosmopolitismus zu vernehmen meinte. Aber selbst in der politisch emanzipierten, international vernetzten, musikalisch zukunftszugewandten jungen Pop-Avantgarde der arabischen Länder – das muss man in diesem Zusammenhang lernen – scheint der Hass auf die Juden und auf den israelischen Staat immer noch die intellektuelle Geschäftsgrundlage zu sein.

Die Reaktionen aus der deutschen Politik sind immerhin eindeutig: Berlins Kultursenator Klaus Lederer (Linke) nennt den Boykott »widerlich«; Kulturstaatsministerin Monika Grütters (CDU) sagt im Gespräch mit der ZEIT, sie fände es »unerträglich, dass antiisraelische Hetze erst Künstler aus arabischen, dann auch aus europäischen Ländern veranlasst hat, ihre Auftritte bei uns abzusagen«.[71] Lediglich Berlins Regierender Bürgermeister Michael

Müller (SPD) äußert sich zu der Angelegenheit zunächst nicht, was ihm wiederum scharfe Kritik durch das Simon Wiesenthal Center einbringt. Weil er sich nicht klar gegen die Umtriebe des BDS in seiner Stadt positioniert, droht man damit, ihn auf die jährlich publizierte Liste mit berüchtigten Antisemiten zu setzen. Müller beeilt sich daraufhin festzustellen, dass er sich jederzeit und vorbehaltlos gegen den Antisemitismus engagiert; auch wolle er prüfen, ob die Stadt Berlin nach dem Vorbild von München und Frankfurt am Main künftig Künstler, die BDS unterstützen, von öffentlich geförderten Veranstaltungen ausschließen wird.

Nach den Ereignissen um das Pop-Kultur-Festival beginnt sich nun schnell eine Spirale aus Boykott und Gegenboykott zu drehen. Zunächst trifft es im Herbst 2017 die britische Rapperin und BDS-Unterstützerin Kate Tempest, die in der Berliner Volksbühne auftreten soll. Sie wird vom Theater aufgefordert, sich von BDS zu distanzieren oder wenigstens politisch zu erklären; Tempest weigert sich gegen beides und sagt ihr Konzert ab. Die längste und meistbeachtete Kontroverse entzündet sich schließlich im folgenden Frühjahr um das schottische Rap-Trio Young Fathers, das – als eine der wenigen europäischen Bands – seinen Auftritt beim Pop-Kultur-Festival ebenfalls abgesagt hatte. Als im Juni 2018 bekannt wird, dass die Young Fathers auf dem Theaterfestival Ruhrtriennale in Bochum auftreten sollen, weisen jüdische Aktivistinnen auf die Unterstützung der Gruppe für BDS hin und fordern die Absage des Konzerts. Daraufhin bekundet die von der Situation offensichtlich überforderte Intendantin des Festivals, Stefanie Carp, sie habe vor der Einladung von der ganzen Kampagne gar nichts gewusst und kenne die Band selber eigentlich auch nicht. Gleichwohl fordert Carp die Young Fathers nun dazu auf, sich von BDS zu distanzieren, und als diese sich weigern, sagt sie den Auftritt ab.

Die Young Fathers ergreifen die Gelegenheit, sich als Opfer von Meinungszensur zu inszenieren: In einer Stellungnahme, die sie auf der Internetseite der mit BDS verschwisterten Organisation »Artists for Palestine« veröffentlichen, beklagen sie ihre »falsche und unfaire« Behandlung durch die Ruhrtriennale; man habe sie dazu zwingen wollen, sich von ihren »Menschenrechtsprinzipien« zu distanzieren.[72] Die englischsprachige Musikpresse von Billboard[73] bis Pitchfork[74] verbreitet diese Version ungeprüft und unkritisiert; die Redaktion der Musikseite Stereogum gratuliert der Gruppe ausdrücklich für ihre politische Standfestigkeit.[75] Dass sich die Kritik am Verhalten der Young Fathers in Wahrheit gar nicht an einer politischen Meinung entzündet hat, sondern an der Unterstutzung einer Kampagne, die mit Menschen anderer Meinung nicht diskutiert, sondern diese boykottiert und bekämpft – dieses Detail wird dabei unterschlagen.

Der prominente BDS-Unterstützer Roger Waters ruft daraufhin zum Boykott der Ruhrtriennale auf, einige arabische Künstler sagen ab. Woraufhin die Intendantin Carp die Young Fathers einige Tage später doch wieder zu ihrem Festival einlädt und dies folgendermaßen begründet: »Zur Zeit werden das Programm der Ruhrtriennale und die Künstlerinnen und Künstler dieses Programmes von zwei Kampagnen unter Druck gesetzt: Die eine sagt: Künstlerinnen und Künstler, die Organisationen unterstützen, die sich gegen die derzeitige Politik der Regierung des israelischen Staates wenden und für die Rechte der Palästinenser eintreten, sind automatisch antisemitisch. Die zweite Kampagne ist die BDS-Kampagne, die sagt: Künstlerinnen und Künstler, die nicht die derzeitige Regierung des Staates Israel boykottieren, stehen automatisch im Verdacht, rassistisch bzw. Gegner der Palästinenser zu sein.« Als Intendantin, so Carp, wolle sie sich gleichwohl »die Haltung herausnehmen dürfen, eine Band wie die Young Fathers einzuladen«, auch wenn es für sie »als Deutsche« schwierig sei, »mit einer Bewegung in Zusammenhang gebracht zu werden, die Israel boykottiert.«[76]

Das ist nun allerdings ein verheerender Vorgang. Nicht weil die Ruhrtriennale sich dazu entschieden hat, die Young Fathers spielen zu lassen (deren Antwort auf die neuerliche Einladung im Übrigen in einer endgültigen Absage besteht). Man kann mit guten Gründen dafür plädieren, den von BDS in Gang gesetzten Teufelskreis aus Boykott und Gegenboykott zu durchbrechen. Verheerend ist, dass Stefanie Carp gleich im ersten Satz ihrer Stellungnahme die Rhetorik der BDS-Akteure übernimmt, die sich bei jeder Kritik ihrer Aktionsformen auf die passive Rolle des Antisemitismus-Keulen-Opfers zurückziehen.

Dabei setzt ja niemand, der die Kampagnen von BDS für indiskutabel hält, deswegen »automatisch« Kritik an Israel mit Antisemitismus gleich, wie in der Erklärung behauptet wird. Man kann die Politik Benjamin Netanjahus entsetzlich finden – und dennoch der Ansicht sein, dass der Staat Israel ein Existenzrecht besitzt; dass er das Recht hat, sich gegen den Terror der Hamas zu verteidigen; dass es richtig ist, wenigstens im Feld der Kultur arabische und israelische Künstler zusammenzubringen mit dem Ziel der Verständigung und Versöhnung, wie aussichtslos das auch immer gerade erscheinen mag. All das will BDS ausdrücklich nicht – es geht ihren Strategen und Anhängern gerade nicht um jene Meinungsfreiheit, die sie hier selbstgerecht für sich reklamieren; sie wollen all jene unter Druck setzen und zum Schweigen bringen, die ihr politisches Weltbild und ihre Meinung nicht teilen; und tritt man dem entgegen, stellen sie sich als Opfer dar. Dieser Zweischritt aus Aggression und Viktimisierung ähnelt ohne Frage den Strategien der deutschen Rechtspopulisten – doch auch Kulturschaffende, die dies im Umgang etwa mit der AfD inzwischen durchschaut zu haben glauben, scheitern bei der Suche nach dem richtigen Verhalten gegenüber BDS immer wieder verlässlich.

Tatsächlich ist der Widerstand gegen diese Kampagne schwer zu organisieren, das müssen viele Veranstalterinnen und Kuratoren auch im Jahr 2019 immer noch leidvoll erfahren. Wer tut, als wäre nichts geschehen und BDS-Unterstützende weiterhin zu seinen Veranstaltungen einlädt, betreibt ebenso das Geschäft der Boykotteure wie all jene, die ihr Vorgehen mit Gegenboykotten beantworten – und sich damit auf jene toxische Spirale einlassen, die BDS nur noch mehr mediale Aufmerksamkeit zuführt. Umso dankbarer kann man für die klaren Worte sein, die Nick Cave kurz vor Weihnachten 2018 in dieser Angelegenheit gefunden hat. Er war ein Jahr zuvor von BDS – wiederum unter prominenter Anführung von Brian Eno und Roger Waters – massiv unter Druck gesetzt, bedrängt und denunziert worden, weil er zwei Konzerte in Tel Aviv spielte. Ein Jahr später veröffentlicht er auf seiner Website einen Brief, den er damals an Brian Eno schrieb: »Der kulturelle Boykott Israels ist feige und beschämend«, heißt es darin. »Tatsächlich ist dies zum Teil der Grund, warum ich in Israel spiele – nicht als Unterstützung für eine bestimmte politische Einheit, sondern als eine grundsätzliche Haltung gegen diejenigen, die Musiker schikanieren, öffentlich anprangern und zum Schweigen bringen wollen. Ich habe nicht die Absicht, darüber zu diskutieren, warum ein Boykott Israels im Kern antisemitisch ist und außerdem nicht funktioniert. (…) Worum es hier geht, ist vielmehr eine grundlegende Meinungsverschiedenheit darüber, was der Zweck von Musik ist.«[77] Eine Antwort von Brian Eno oder von BDS auf dieses Schreiben ist bislang nicht bekannt.

4. Time's up!

Der Kampf gegen sexuelle Gewalt und den Missbrauch von Macht

Zu Beginn des Jahres 2018 sorgt ein weiterer Auftritt bei einer Gala für Popmusikpreise für Schlagzeilen: Am 28. Januar werden im Madison Square Garden in New York die US-amerikanischen Musikpreise, die Grammys, verliehen. Welch ein Gegensatz zu den grimmigen schwarzgekleideten Echo-Preisträgern Kollegah und Farid Bang in Berlin! Hier steht auf der Bühne eine Gruppe Sängerinnen, ganz in Weiß: Cyndi Lauper ist darunter, die Soul-Futuristin Janelle Monáe und die Latin-Pop-Newcomerin Camila Cabello. Sie bilden den Chor für die R'n'B-Sängerin Kesha, die an diesem Abend mit ihrem Stück »Praying« ihr sichtlich bewegtes Comeback gibt.

Anfang der zehner Jahre stand Kesha bereits vor einer großen Karriere – bis sie ihren Produzenten Dr. Luke wegen sexuellen Missbrauchs anzeigte. Der zog sie daraufhin in juristische Streitereien hinein, die Kesha fünf Jahre aus der Bahn warfen. In »Praying« betet sie nun für jemanden, der ihr Gewalt angetan hat; und sie fordert ihn auf, ebenfalls bei seinem Gott um Vergebung zu bitten, denn ihr Zorn werde furchtbar sein. Das Stück erschien im Juli 2017 als erste Single aus dem wenig später veröffentlichten Album »Rainbow« – und wurde schnell zu einer Hymne der in diesem Jahr erblühenden #metoo-Bewegung. Eine gedemütigte Frau überwindet ihre Scham und ihren Schmerz und die Abhängigkeit von dem Mann, der ihr diesen Schmerz zugefügt hat: So handelt »Praying« von einer individuellen Selbstermächtigung, aber auch von den gesellschaftlichen Veränderungen, die sich in der #metoo-Bewegung spiegeln.

Und es handelt vom wachsenden Widerstand musizierender Frauen gegen die patriarchalen Verhältnisse in der Musikindustrie: Bevor das Stück bei der Grammy-Gala aufgeführt wird, macht eine der Sängerinnen aus dem Chor, Janelle Monáe, dies bei einer kurzen Ansprache deutlich. Sie sei stolz darauf, an diesem Abend hier zu stehen und ihre Solidarität mit all ihren »Schwestern« in der Musikindustrie bekunden zu können; mit all jenen Sängerinnen, Produzentinnen, Toningenieurinnen, die zugleich Töchter, Ehefrauen, Mütter und Menschen sind. »We come in peace, but we mean business«, sagt sie: »Wir kommen in Frieden, aber wir meinen es ernst. Und all jenen, die uns zum Schweigen zu bringen versuchen, haben wir zwei Worte zu sagen: Time's up! Die Zeit ist abgelaufen für ungerechte Bezahlung und für Diskriminierung, die Zeit ist abgelaufen für Belästigungen jeglicher Art, und die Zeit ist abgelaufen für den Missbrauch von Macht. (…) Wir haben die Macht, die Gesellschaft zu verändern; und wir haben die Macht, eine Kultur rückgängig zu machen, die nicht gut für uns ist.«[78]

Ich habe Janelle Monáe einige Wochen nach ihrem Auftritt bei den Grammys zum Gespräch getroffen und sie dabei unter anderem gefragt, warum sich solche mächtigen feministischen Widerstandsbewegungen wie #timesup und #metoo gerade jetzt formieren – oder man könnte auch sagen: erst jetzt, ein halbes Jahrhundert nach dem Beginn der Neuen Frauenbewegung oder, wie man in den USA sagt, des Second Wave Feminism. »Ich weiß nicht, ob es an Trump liegt«, antwortet sie darauf, »aber jedenfalls sieht es so aus, als wäre die Gesellschaft plötzlich wachgerüttelt.« Vielleicht liege es daran, »dass wir mit Trump jetzt einen Fokus für unseren Zorn haben. (…) Die Leute kommen zusammen und organisieren sich, um den Missbrauch von Macht zu beenden, in so kraftvollen Bewegungen wie #blacklivesmatter, #timesup und #metoo.« In der Musikindustrie hätten sich die Verhältnisse schon seit längerem zu ändern begonnen, schon deswegen, weil sie als Industrie so viel Macht eingebüßt habe. »Das haben wir der Digitalisierung zu verdanken: Es ist heute viel leichter für Frauen, Musik aufzunehmen, ohne dass irgendein männlicher Nerd ihnen die Beats bastelt oder sie produziert – einfach weil sich auf jedem Laptop die Software dafür findet. Das hat so viel weibliches Talent freigesetzt! Und es ist viel leichter, die Musik mit Soundcloud und

Bandcamp ans Publikum zu bringen – an der Musikindustrie und ihren Patriarchen vorbei.«

Trotzdem sei die klassische Musikindustrie natürlich noch immer mächtig, wenn es darum geht, Künstlerinnen und Künstler zu Stars zu machen. »Darum sind solche Auftritte wie bei den Grammys wichtig«, sagt Janelle Monáe, »weil sie unsere Botschaft in die Welt tragen. Ich sage es noch mal: Wir müssen den Missbrauch von Macht beenden. In der Musikindustrie ebenso wie bei den Farmarbeitern oder in den großen Konzernen; in den Start-ups des Silicon Valley ebenso wie in den Schulen und Colleges. Hier geht es nicht um einzelne Branchen, und es geht nicht um schwarze und weiße oder um reiche und arme Menschen. Die #metoo-Debatte, das ist eine wirklich globale Frage. Darum singe ich in meinem neuen Stück ›Django Jane‹ auch: ›What's a wave baby? This a tsunami.‹ Das, was wir gerade erleben, ist nicht bloß eine weitere Welle des Feminismus. Das ist ein Tsunami.«[79]

Wie lässt sich der »Missbrauch von Macht« beenden? Zunächst indem man die konkreten und körperlichen Arten des sexuellen Missbrauchs bekämpft – und sie auch im Feld der populären Kultur und der dazugehörigen Kulturindustrie nicht länger duldet. Es ist erst der im Herbst 2017 gegründeten #metoo-Bewegung gelungen, dieses Thema nicht nur ins Bewusstsein einer größeren Öffentlichkeit zu bringen, sondern auch über eine längere Zeit in der Debatte zu halten – als ein Problem, das sich nicht auf »Einzelfälle« beschränkt, sondern ein ganzes kulturelles und soziales Feld strukturiert, ein System von Macht und Kontrolle, Abhängigkeit und sexualisierter Gewalt.

Ausgelöst wird die #metoo-Bewegung durch zwei Enthüllungen in der US-amerikanischen Filmindustrie: über den Hollywood-Produzenten Harvey Weinstein und den Schauspieler Kevin Spacey. Anfang Oktober 2017 berichtet die New York Times darüber, dass Weinstein seit Jahrzehnten eine Vielzahl von Schauspielerinnen und Mitarbeiterinnen sexuell bedrängt und genötigt habe.[80] Schon nach einer Woche wird er von der Weinstein Company als Vorstandschef abgesetzt, viele Unternehmen beenden die Zusammenarbeit mit ihm. Daraus ergibt sich, was später als »Weinstein-Effekt« bezeichnet wird: Nachdem eine bis dahin unantastbar erscheinende Figur sich für ihr Verhalten rechtfertigen muss, fühlen sich auch andere Opfer ermutigt, mit ihrer Geschichte an die Öffentlichkeit zu gehen.

So wirft der Schauspieler Anthony Rapp kurz nach den ersten Recherchen zu Weinstein seinem Kollegen Kevin Spacey vor, ihn in den achtziger Jahren – er sei damals 14 gewesen – sexuell belästigt zu haben; woraufhin sich bis Mitte November acht weitere Männer melden, die Ähnliches berichten. Spacey verliert umgehend seinen Vertrag mit der Produktionsfirma Netflix; die Serie »House of Cards«, in der er bis dahin die Hauptrolle spielte, wird ohne ihn fortgeführt. Und mehr noch: Aus Ridley Scotts eigentlich bereits fertiggestelltem Spielfilm »All the Money in the World« wird Spacey herausgeschnitten; seine Rolle übernimmt Christopher Plummer, alle entsprechenden Szenen werden mit ihm neu gedreht.

Im Januar 2018 bildet sich die »Time's up«-Intiative: Sie legt unter anderem einen Fonds auf, aus dem Missbrauchsopfer finanzielle Unterstützung bei Gerichtsprozessen erhalten[81]; auch rufen die Initiatorinnen und Initiatoren dazu auf, bei öffentlichen Veranstaltungen wie der Oscar- und Grammy-Verleihung gegen den Sexismus in ihren Branchen zu protestieren. Bei der Grammy-Verleihung tragen Kesha und ihre Begleitsängerinnen zum Zeichen der Unterstützung der Initiative und der Solidarität unter Frauen ausschließlich weiße Kleider. Die Sängerin Lorde hat sich einen Auszug aus einem »inflammatory essay« der Konzeptkünstlerin Jenny Holzer auf das Rückenteil ihres Kleids nähen lassen: »Rejoice! Our times are intolerable« – »Unsere Zeiten sind inakzeptabel. Seid mutig, denn das Schlimmste ist der Vorbote des Besten. … Die Alten und Korrupten müssen zerstört werden, bevor die Gerechten triumphieren können.« Holzer hatte »truisms« wie diese in den siebziger Jahren auf Plakaten, Häuserfassaden, Telefonzellen oder anderen Schriftträgern im öffentlichen Raum verbreitet: Auch hier ging es, vor fast einem halben Jahrhundert, schon einmal um die Themen der sexualisierten Gewalt und des Missbrauchs. So will Lorde ihr künstlerisches Statement auch als Erinnerung daran verstanden wissen, wie wenig sich in all dieser Zeit verändert hat und wie festgefügt die überkommenen Machtstrukturen des Patriarchats immer noch sind. Im Jahr 2018 ist sie übrigens die einzige Künstlerin, die für einen Grammy für das »Album des Jahres« nominiert ist; und anders als alle anderen – männlichen – Kandidaten in dieser Kategorie erhält Lorde von den Grammy-Veranstaltern keine Gelegenheit, einen ihrer neuen Songs während der Gala aufzuführen. Deswegen weigert sie sich auch, an diesem Abend über den roten Teppich zu gehen.

Von den 899 Nominierten der Jahre 2013 bis 2018 waren gerade einmal neun Prozent weiblich: So rechnen es die Popkritiker der New York Times, Ben Sisario und Joe Coscarelli, in einem Essay kurz vor der Grammy-Verleihung vor.[82] Begleitend zitieren sie eine Studie der University of Southern California über die generellen Geschlechterverhältnisse in der aktuellen US-amerikanischen Musikproduktion. Darin wurden von 2012 bis 2017 die jeweils einhundert erfolgreichsten Songs des Jahres analysiert. Unter den Interpretinnen und Interpreten finden sich immerhin 22,4 Prozent Frauen; im Fach des Komponierens und Songschreibens sind es dann aber nur noch 12,3 Prozent; und ganze zwei Prozent der erfolgreichsten Songs wurden von einer Frau produziert.[83] In der Popmusik-Branche sind die Geschlechterverhältnisse also ähnlich ungleich strukturiert wie in der Filmindustrie. Doch während in Hollywood der »Weinstein-Effekt« immerhin dazu führt, dass Schauspielerinnen, Schauspieler und andere Filmschaffende sich gegen den bislang stillschweigend geduldeten Sexismus zu wehren beginnen, geschieht im Pop vergleichsweise wenig. Zwar finden sich auch hier bald einige Fälle, in denen Musiker sich wegen ›sexual harass-ment‹ verantworten müssen. Doch fehlt, wie Ben Sisario und Joe Coscarelli im Januar 2018 in der New York Times resümieren, hier bis auf weiteres noch »ein Antagonist von der Größenordnung von Harvey Weinstein, um eine breitere Bewegung zu initiieren«.

Das ändert sich erst ein Jahr später. Im Januar 2019 kündigt die Plattenfirma RCA Records ihren Vertrag mit dem R'n'B- und Soulsänger R. Kelly, weil auch ihm der sexuelle Missbrauch von Frauen und minderjährigen Mäd-chen vorgeworfen wird. Der Auslöser dafür ist eine sechs-teilige Dokumentarfilmserie namens »Surviving R. Kelly«, die kurz zuvor von einem amerikanischen Fernsehsender ausgestrahlt worden ist. Darin berichten Frauen davon, wie sie – meistens noch als junge Mädchen – von Kelly missbraucht, genötigt und gedemütigt wurden. Manche erzählen, wie er sie in einer Art Harem gefangen hielt: Sie mussten sich den Anweisungen ihres Meisters komplett unterwerfen, was die Ausübung aller möglichen Sexual-praktiken angeht, aber etwa auch um Erlaubnis bitten, be-vor sie zur Toilette gehen durften. Und wer auszubrechen versuchte, wurde eingeschüchtert, bedroht und besto-chen – wie auch alle, die in den vergangenen Jahren mit ihren Geschichten an die Öffentlichkeit gehen wollten.

Darin ähnelt diese Geschichte jener von Harvey Wein-stein. Auch in dessen Fall wurde hinter vorgehaltener Hand schon seit Jahrzehnten von seinem Verhalten er-zählt; die Rocksängerin Courtney Love warnte 1995 in einem Interview junge Frauen davor, sich allein mit ihm auf ein Hotelzimmer zu begeben[84]; Comedians machten in ihren Shows öffentlich Witze über sein »bedroom casting« – ohne dass daraus irgendwelche Konsequenzen für Weinstein erwachsen wären. So ist es auch bei R. Kelly gewesen; auch in seinem Fall werden vergleichbare Vorwürfe schon seit einem Vierteljahrhundert erhoben. 1994 heiratet er die Sängerin Aaliyah, die damals gerade 15 Jahre alt ist; ihr Geburtsdatum ist bei der Eheschließung gefälscht. Als dieser Umstand an die Öffentlichkeit gelangt, wird die Ehe annulliert, aber R. Kelly kann sich erfolgreich darauf herausreden, dass er von nichts gewusst habe (Aaliyah kommt im Jahr 2001 bei einem Flugzeugabsturz ums Leben). 2002 wird er wegen Kinderpornografie angeklagt und muss kurzzeitig in Untersuchungshaft gehen – aber der Prozess wird wiederum niedergeschlagen, weil das fragliche Fotomaterial nach Ansicht des Gerichts illegal erworben wurde und darum nicht beweiskräftig ist. Der Comedian Dave Chappelle kostümiert sich in einem Sketch aus dem Jahr 2003 als R. Kelly und singt davon, wie gerne er auf seine Sexualpartnerinnen uriniert (»Piss On You«[85]), in der Öffentlichkeit wird Kelly spätestens jetzt als widerlicher Macho-Freak wahrgenommen, der in dieser Widerlichkeit aber offenbar auch eine glamuröse Aura besitzt.

So ist R. Kelly über Jahrzehnte hinweg nicht nur aus allen Gerichtsverfahren gegen ihn unbeschadet hervorgegangen – auch seiner Karriere haben die Pädophilie- und

Nötigungs-Vorwürfe lange Zeit nichts anhaben können. Seine größten Hits »I Believe I Can Fly« und »If I Could Turn Back the Hands of Time«, beide von dem Album »R.« aus dem Jahr 1999, hat er nach der annullierten Ehe mit der minderjährigen Aaliyah geschrieben; er hat 2002 die Olympischen Winterspiele in Salt Lake City mit eröffnet; und er hat etwa auch 2011 noch im Berliner Admirals-palast ein Konzert gegeben, ohne dass irgendjemand sich daran gestört hätte.

Das beginnt sich nun im Gefolge von #metoo und #timesup allmählich zu ändern. In den USA bildet sich schon Ende 2017 eine Kampagne mit dem Namen #Mute-RKelly, die bewirkt, dass er dort keine Auftrittsmöglichkei-ten mehr findet. Als für das Frühjahr 2019 zwei Konzerte in Deutschland angekündigt sind, bildet sich ein Pendant unter dem Namen #rkellystummschalten, organisiert von der Journalistin Salwa Houmsi und den DJs Gizem Adıyaman und Lucia Luciano, die als Duo Hoe_mies in Berlin eine gleichnamige Partyreihe für weibliche, nicht-binäre und transgender HipHop-Schaffende veranstalten. Mit einer Petition auf der Internetseite change.org fordern sie die Absage der Konzerte und haben binnen kurzem über 40 000 Unterschriften zusammen.[86] Ende Februar erledigt sich diese Petition dadurch, dass R. Kelly nach dem Auftauchen neuer Beweismaterialien wegen sexuel-len Missbrauchs Minderjähriger in zehn Fällen angeklagt wird und das Land bis auf weiteres nicht verlassen darf.

So ist hier in juristischer Hinsicht ein Anfang gemacht.

Was freilich noch nicht die Frage beantwortet, wie man künftig mit den Filmen und mit der Musik von überführten Sexualtätern umgehen soll. Soll man beispielsweise Produktionen, in denen Kevin Spacey mitspielt, prinzipiell boykottieren? So reagiert das US-amerikanische Publikum jedenfalls auf den Film »Billionaire Boys Club«, der im August 2018 in die Kinos kommt – und am Tag der Premiere landesweit genau 126 Dollar einspielt, ein historisches Minus-Ergebnis. Davon ist ja aber wiederum nicht nur Spacey betroffen, es trifft vielmehr auch alle anderen Schauspielerinnen und Schauspieler, die in dem Film zu sehen sind, sowie den Rest der Crew und die Produktionsfirma. Ist es moralisch gerechtfertigt, sie für das Vergehen eines einzelnen Mitwirkenden in Sippenhaft zu nehmen? Oder zeigt sich darin nicht vielleicht doch das überhitzte Glühen einer hypertrophen Moral?

Und wie geht man mit Songs und anderen musikalischen Werken um, in denen moralisch untragbar gewordene Künstler zu hören sind? Soll man die betreffenden Personen – wie Kevin Spacey aus »All the Money in the World« – herausschneiden und ihre Beiträge von anderen Künstlern ersetzen lassen? So verfährt am Ende des Jahres 2018 Kate Bush, als sie ihr Gesamtwerk in einer »Re-Mastered Edition« noch einmal veröffentlicht. In den Stücken »An Architect's Dream« und »The Painter's Link« von ihrem 2005 veröffentlichten Album »Aerial« ist die Stimme des australischen Musikers und Malers Rolf Harris zu hören; in der Rolle eines Malers spricht er zwei Monologe über die Entstehung der Kunst. Harris wurde 2014 wegen des sexuellen Missbrauchs minderjähriger Mädchen in den achtziger Jahren zu einer Haftstrafe verurteilt – in der »Re-Mastered Edition« der beiden Songs hat Bush seine Stimme nun durch diejenige ihres Sohnes Bertie ersetzt.

Das ist konsequent und führt in diesem Fall auch zu keinem nennenswerten Nachteil in musikalischer Hinsicht. Lässt man sich aber grundsätzlich auf den Gedanken ein, Filme, Songs oder andere ästhetische Werke von den Beiträgen in Verruf geratener Künstler zu säubern oder aber gleich zu ihrem Boykott aufzurufen – dann muss man auch darüber nachdenken, wo jeweils die Grenze zu ziehen ist und wer im Zweifelsfall darüber entscheidet, welche Künstler und welche Kunstwerke in moralischer Hinsicht noch erträglich sind und welche nicht. Auch in solchen Entscheidungen können sich ja Machtstrukturen verbergen, die ihrerseits einen – wenn auch vielleicht anders gearteten – diskriminierenden Charakter besitzen.

Dafür gibt wiederum der Fall R. Kelly ein interessantes Beispiel. Schon nach den ersten Initiativen der #MuteRKelly-Kampagne im Frühjahr 2018 entschließt sich der Streamingdienst Spotify dazu, eine »hateful conduct policy« zu praktizieren. Dabei werden Künstler, die sich »hassgeleiteten Verhaltens« schuldig gemacht haben, zwar nicht völlig aus dem Programm der Plattform gelöscht. Doch werden sie aus den Playlists entfernt, über die der Großteil der Hörer und Hörerinnen auf neue und alte Songs aufmerksam wird. Als dieses Verfahren im Mai 2018 eingeführt wird, betrifft es genau zwei Künstler: nämlich den jungen aufstrebenden, enorm erfolgreichen Rapper Jahseh Onfroy alias XXXTentacion sowie eben R. Kelly. XXXTentacion steht damals unter anderem wegen schwerer Körperverletzung an seiner Exfreundin vor Gericht, was nichts daran ändert, dass sich seine ersten beiden Alben »17« und »?« fast drei Millionen Mal verkaufen. (Im August 2018 wird er bei einem Raubüberfall erschossen.)

Die Organisatorin der #MuteRKelly-Kampagne, Oronike Odeleye, begrüßt die »hateful conduct policy« von Spotify umgehend, es sei »wundervoll«, dass sich nun auch eine Firma wie diese der gerechten Sache anschließe. Das Management von XXXTentacion fragt hingegen, ob der Streamingdienst denn nun auch gedenke, die Musik aller anderen Künstler von seinen Playlists zu löschen, denen sich sexualisierte Gewalt vorwerfen lässt – zum Beispiel: David Bowie, Ozzy Osbourne, Michael Jackson, Miles Davis, Gene Simmons von KISS, die Red Hot Chili Peppers, Jimmy Page von Led Zeppelin, Sid Vicious von den Sex Pistols …[87] Die Kritikerin Jillian Maples von der Internetseite Pitchfork teilt die Bedenken, die in dieser Frage formuliert werden. Auch wenn man die darin implizite Verteidigung des Rappers angesichts seines Verhaltens fragwürdig finden könne, so treffe sie doch einen wunden Punkt: dass man ein derart weitreichendes Problem eben nicht mit schnell zusammengeschusterten Verbotsmaßnahmen ohne einen nachvollziehbaren Kriterienkatalog lösen könne – dieser Mangel an Transparenz und Trennschärfe, schreibt Maples, spiele letztlich nur all jenen in die Hände, die in der #metoo-Kampagne nichts anderes als eine Hexenjagd sehen.[88]

Drei Wochen später zieht Spotify die »hateful conduct policy« wieder zurück, so stark ist in dieser Zeit der Druck durch andere Künstler und die Musikindustrie geworden. Unter anderem hat der Rapper Kendrick Lamar damit gedroht, seine Songs komplett aus dem Streamingdienst zurückzuziehen; besonders in HipHop-Kreisen stößt das Verfahren auf Kritik, weil man glaubt, es basiere auf rassistischen Vorannahmen. Warum – so wird gefragt – handelt es sich bei den Künstlern, an denen hier ein Exempel statuiert werden soll, um zwei Afroamerikaner? Während so viele weiße Männer, denen ähnliche Vorwürfe gemacht werden können, ungeschoren davonkommen?[89]

Dieses Argument ist nicht von der Hand zu weisen. Wer über sexualisierte Gewalt in der Popmusik reden will, der muss – wenn es tatsächlich um eine grundsätzliche moralische Bewertung gehen soll und nicht bloß um das kurzzeitige Schüren von Aufmerksamkeit – etwa auch von Anthony Kiedis von den Red Hot Chili Peppers reden, der sich selber in seiner Autobiografie »Scar Tissue« des Geschlechtsverkehrs mit einer Minderjährigen rühmt[90] und darüber auch den Song »Catholic School Girls Rule« geschrieben hat (»In the class she's taking notes / Just how deep deep is my throat«). Oder über Iggy Pop, der in dem Song »Look Away« davon singt, wie er Anfang der siebziger Jahre mit der damals 13-jährigen Sable Starr Geschlechtsverkehr hatte: »I slept with Sable when she was 13 / Her parents were too rich to do anything«. Einen typischen Nachmittag mit Iggy Pop im Jahr 1972 beschreibt sein damaliger Manager Leee Childers folgendermaßen: Bei einem Promotion-Auftritt in einer Lokalradiostation »hat Iggy sich alle Kleider vom Leib gerissen und sich auf Sendung vor dem Mikrofon einen runtergeholt. Er sagte: ›So, jetzt habe ich mich ausgezogen und sitze hier und spiele mit meinen Eiern …‹ Später hat er sich dann mit [der Bowie-Promoterin] Cherry Vanilla im Fahrstuhl des Senders eingesperrt und versucht, sie zu vergewaltigen.«[91]

Wer die Musik von R. Kelly und XXXTentacion aus moralischen Gründen zensieren will, darf also auch vor den Songs von den Red Hot Chili Peppers und von Iggy Pop nicht haltmachen. Und auch nicht vor der Musik von Led Zeppelin, deren Gitarrist Jimmy Page Anfang der siebziger Jahre reihenweise mit minderjährigen Groupies kopulierte, unter Umständen, bei denen nie geklärt wurde – und heute nicht mehr zu klären ist –, wo die Grenze zwischen der sexuellen Ausbeutung naiver, Rockstars bewundernder Mädchen und der Anwendung von Gewalt verlief. Seine damals 15-jährige Gespielin Lori Mattix jedenfalls pflegte er in seinem Hotelzimmer am Sunset Strip in Los Angeles einzuschließen, damit sie jederzeit zur Verfügung stand, wenn ihm danach war.[92] Mattix war ihm wiederum von David Bowie weitergereicht worden, der sie zuvor entjungfert hatte. Davon berichtet sie in einem Interview, das sie 2015 der Internetseite Thrillist gegeben hat: In einer

Suite im Beverly Hilton Hotel habe Bowies Bodyguard Stuey sie mit Champagner und Marihuana versorgt, und als sie stoned war, öffnete sich die Schlafzimmertür, und Bowie führte sie zum Sex hinein; später habe es dann auch noch einen flotten Dreier gegeben – mit der ebenfalls von Iggy Pop gern »gevögelten« und – wie schon erwähnt – besungenen Sable Starr.[93]

Bei den Anfang 2019 ausgiebig begangenen Feierlichkeiten zum 50. Jubiläum des ersten Led-Zeppelin-Albums »Led Zeppelin« spielten Geschichten wie diese nicht die geringste Rolle; und auch die zahlreichen Biografien von David Bowie sind von solchen eventuell unangenehmen Details heute weitgehend befreit. Gerade Bowie wurde ja schon zu Lebzeiten von seinen Fans wie ein Heiliger behandelt; nach seinem Tod im Januar 2016 stieg die Verehrung endgültig ins Mystifizierende. Nach der Lektüre der meisten Nachrufe konnte man glauben, er habe Anfang der siebziger Jahre im Alleingang die Postmoderne erfunden, weil er seine künstlerischen Stile regelmäßig zu wechseln pflegte. Außerdem wurde er zum Patron der Schwulenemanzipation erhoben, weil er in seiner bekanntesten Rolle des Ziggy Stardust als androgynes Alien mit bisexueller Orientierung posierte; außerdem bekundete er 1972 in einem aufsehenerregenden Interview mit dem Melody Maker, dass er »schon immer schwul« gewesen sei.

Bis heute gilt er darum als Lichtgestalt der LGBT-Gemeinde, »David Bowie Made Me Gay« heißt ein vielgelesenes Buch des Pophistorikers Darryl W. Bullock[94]. Die

Tatsache, dass Bowie auch zu seinen scheinbar schwulsten Zeiten gerne mit minderjährigen Mädchen wie eben Lori Mattix und Sable Starr schlief, wird dabei generell eher kleingeredet oder fällt gar gnädig unter den Tisch – etwa auch in der überaus voluminösen, aus hunderten von Interviews zusammengestellten Biografie des britischen Journalisten Dylan Jones aus dem Jahr 2017. Es bleibt der Journalistin Erin Keane – Redakteurin beim Internetmagazin salon.com – ganz am Schluss des Buchs überlassen, in einem kurzen Statement darauf hinzuweisen, man könne Bowies Verhalten nicht mit der immer noch gern gebrauchten Floskel entschuldigen: »Ach, die Siebziger. Damals war das anders.« Das treffe nicht zu, schreibt Keane, »gleichgültig, wie sehr wir als Kollektiv das glauben möchten. Wenn man mit ernstem Gesichtsausdruck sagen kann: ›Heutzutage haben Männer keinen Sex mehr mit jungen Mädchen‹ – na, dann viel Glück. Das Einzige, was sich verändert hat, ist, bei welchen Mädchen, welchen Männern, wie und wo es erlaubt ist. Wir sollten dafür sorgen, dass man das niemals vergisst, auch wenn die Zeit dafür nicht gerade günstig erscheint.«[95]

So ist es ja generell: Soselm die #metoo-Bewegung seit ihrer Begründung Ende 2017 unseren Blick auf die Unverwüstlichkeit des Sexismus im Allgemeinen und in der Popkultur im Besonderen geschärft haben mag und nun etwa auch im Fall von R. Kelly dazu führt, dass seinen Opfern endlich Gehör geschenkt wird – so wenig hat diese neue Sensibilität bisher unseren Blick auf die Geschichte verändert; gerade auch nicht was die Popmusik in ihrem »goldenen Jahrzehnt«, in den siebziger Jahren, betrifft. In den meisten Pop-Historiografien ebenso wie im kollektiven Gedächtnis der damals mit Rockmusik sozialisierten Generation wird diese Zeit weiterhin wesentlich als Epoche der sexuellen Befreiung betrachtet. Aber es war eben auch eine Zeit des entfesselten Patriarchats; und ein Künstler wie David Bowie war gleichermaßen ein Protagonist der Emanzipation wie auch ein Nutznießer der überkommenen Verhältnisse, ein im Detail widerlicher Sexist. Nur wenn man diese Dialektik versteht, kann man auch ihn, seine Kunst und seine Person verstehen – das ist das eine.

Aber das andere und sicher noch Wichtigere ist: Nur wer bereit ist, die großen weißen Männer, die heiligen Genies der überkommenen Rockmusik, an denselben Maßstäben zu messen wie die devianten Rapper der Gegenwart, kann verstehen, dass der Sexismus, unter dem der Pop heute so leidet, nicht erst von afroamerikanisch oder migrantisch oder sonst wie minoritär markierten Gruppen in eine vermeintlich emanzipierte Mehrheitsgesellschaft importiert worden ist. Sondern dass er immer schon im Herz dieser Mehrheitsgesellschaft wohnte und dort weiterhin wohnt; und dass wir, wenn wir ihn kritisieren und überwinden wollen, nicht nur einen weiten Weg vor uns haben; sondern hinter uns auch eine lange Geschichte des Sexismus und der sexualisierten Gewalt, die nicht einmal in Ansätzen aufgearbeitet oder auch nur eingestanden ist.

5. Selbstermächtigung

Manifeste einer sexuellen Emanzipation

Über die Liebe und das sexuelle Begehren aber wird noch auf völlig andere Art und Weise gesungen als im groben Ton der Misogynie und der männlichen Besitzfantasien. Angesichts der hitparadenbestimmenden Gangsta- und Straßenrapper der Gegenwart kann dies schnell aus dem Blick geraten. Doch während sich im musikalischen Mainstream die Körper immer weiter verpanzern und das Bild der Geschlechterverhältnisse zurück in längst überwunden geglaubte patriarchalische Zustände strebt, wird die Inszenierung des Begehrens und der sexuellen Identitäten in der Pop-Avantgarde immer verfeinerter, komplizierter und experimenteller: Auch in dieser Hinsicht, könnte man sagen, spiegelt sich im Pop die politische Gegenwart der gesellschaftlichen Polarisierung.

»Baby, I want you to know / That I feel transome / Baby, you touch me right / Kissing my genders / In our bedroom light«. So lockt etwa Planningtorock im Liebeslied »Transome« ihren oder seinen Gefährten oder auch ihre oder seine Gefährtin; oder vielleicht sind es auch mehrere Personen mit unterschiedlichen oder unbestimmbaren Geschlechtern, die hier angelockt werden sollen: Baby, ich fühl mich so transome, und im Schlafzimmer küsst du mich an meinen Geschlechtern.[96] Ein »Transome« ist in der Fachsprache des Sexualvergnügens eine raffinierte Kopulationskonstellation mit mindestens drei Personen, von denen höchstens zwei heterosexuell sein dürfen. Je mehr Leute beteiligt sind, desto besser. Und wenn Planningtorock darum bittet, an allen Geschlechtern geküsst zu werden, haben die Kusspartner einiges zu tun; Planningtorock wechselt die eigenen Geschlechter unaufhörlich, es handelt sich bei ihr oder ihm um die Verkörperung einer endlosen sexuellen Metamorphose, eines »polymorph perversen« Begehrens. Bei Konzerten pflegt Planningtorock mit einer wulstigen Stirnapplikation mit Nasenhöcker die Bühne zu betreten – geheimnisvoll, machtvoll wie ein Transgender-Klingone aus »Star Trek«.

»Transome« findet sich auf dem Album »Powerhouse«, das Planningtorock im November 2018 herausgebracht hat. Es handelt sich um einen lasziven R'n'B-Song mit einem leicht klickernden Beat und einer untergründigen Spannung, die auf künftige Erregungszustände verweisen; man spürt, wie etwas pulsiert und schwillt. Dazu singt Planningtorock mit einer Stimme, von der sich wiederum nicht sagen lässt, ob sie einem Mann gehört, einer Frau, einem Transgender-Wesen oder vielleicht auch einer Maschine, der alles Menschliche gleichermaßen fremd und befremdlich erscheint, einschließlich der menschlichen Sexualität und ihren überkommenen Klassifizierungen. Der Gesang von Planningtorock ist ein Maschinengesang, die »natürliche« Stimme ist durchweg elektronisch manipuliert mit Instrumenten wie Auto-Tune und Pitch-Shifter; sie wird in den Tonhöhen verändert, begradigt und aufgeraut, bis sie sich keiner vertrauten menschlichen Erscheinungsform mehr zuordnen lässt.

Planningtorock wurde 1971 in der Nähe von Manchester als Janine Rostron geboren, seit Anfang der nuller Jahre lebt sie als Musikerin in Berlin, seit Anfang der zehner Jahre möchte sie nicht mehr als Frau angesprochen werden und hat darum auch ihren Namen in das neutrale Jam abgeändert. Die maschinelle Androgynisierung, die ihre Ästhetik bestimmt, findet sich erstmals auf ihrem 2014er Album »All Love's Legal«. Darauf singt Planningtorock zu durchweg tanzbaren Disco- und House-Beats energische Selbstermächtigungshymnen, die zum Beispiel »Patriarchy Over & Out« heißen oder auch »Misogyny Drop Dead« und »Let's Talk About Gender Baby«. Dieser Entschiedenheit in der Botschaft steht eine kunstvoll kalkulierte Unentscheidbarkeit in der Performance entgegen. Indem sie ihre Stimme sexuell unbestimmbar macht, will Planningtorock sich als Person »im Fluss« identifizieren: »Trying to find the words to explain my sexuality / It's liquid, it's living, a moving love defined by itself«, heißt es in dem Stück »Human Drama«: »There's no rules, no convention / This love can go where ever it wants«.

Die Liebe geht dorthin, wo sie hingehen möchte; für die Liebe gibt es keine Regeln und Konventionen. Kein Mensch darf einem anderen Menschen vorschreiben, wen er oder sie lieben darf und wen nicht. So simpel und selbstverständlich sollte es sein – ist es aber nicht, wie wir in den vorigen Kapiteln schon gesehen haben; und nicht nur in weiten Teilen des Pop herrschen heute wieder Misogynie, Homophobie und patriarchaler Regress. Auch rechtspopulistische Politiker und Politikerinnen polemisieren bevorzugt gegen den »Genderwahn«. Die Vordenker der Neuen Rechten wie der Philosoph und kulturpolitische Sprecher der AfD-Bundestagsfraktion, Marc Jongen, erklären die »Gender-Ideologie« und den Einsatz für die Rechte transsexueller Menschen zum »Gift für die Gesellschaft«[97]. Im Windschatten dieser generellen Verschiebung des Diskurses nach rechts finden auch bisher liberal auftretende Feuilletonisten neuerdings, dass dem Kampf gegen sexuelle Diskriminierung zu viel Aufmerksamkeit geschenkt wird – während die Zahl der homophoben Gewalttaten etwa in Deutschland kontinuierlich steigt.[98] Darum wirkt ein Lied wie »Transome«, das vor ein paar Jahren bloß als zarte Liebesbekundung wahrgenommen worden wäre, plötzlich wieder wie ein Manifest: weil die darin beschriebene Form der Erotik nicht mehr zuerst als Erotik wahrgenommen wird. Sondern als Bekundung des Andersseins, der Abweichung von der gesellschaftlichen Normalität. Und weil das Recht, in »abweichenden« Zuständen zu leben, wieder verteidigt werden muss gegen eine größer und lauter werdende Zahl an Menschen, die alles »Andere« verachten und ausmerzen wollen.

So wie die sexuelle Emanzipation wieder ins Schlaglicht des kulturkämpferischen Ernstfalls geraten ist, so ist sie als politisches Thema auch ins Zentrum der Pop-Avantgarde zurückgekehrt. Eine Vielzahl an Künstlerinnen und Künstlern hat sich gerade im Jahr 2018 mit dem Zustand der sexuellen Verhältnisse befasst: Der schwule Schmerzensmann John Grant besingt auf seinem Album »Love Is Magic« die Rückkehr von Sexismus und Homophobie in sarkastisch-absurden Liedern. Der New Yorker R'n'B-Sänger Dev Hynes alias Blood Orange klagt auf seiner großartigen LP »Negro Swan« um die Opfer des Massakers in Orlando, wo im Juni 2016 in einem queeren Nachtclub 49 Menschen erschossen wurden. Und die in Kapitel vier schon erwähnte Janelle Monáe inszeniert sich auf ihrem ebenfalls 2018 erschienenen Album »Dirty Computer« und in den dazugehörigen Musikvideos und Shows als bisexueller Cyborg, der sich auf keine Identität festlegen lässt, in der Sache von »race« ebenso wenig wie in jener von »gender«.

»Powerhouse« von Planningtorock ist in dieser Reihe vielleicht die interessanteste Platte; jedenfalls ist sie ästhetisch und politisch besonders ambitioniert. Zum einen: weil sie mit der größten Konsequenz die neuesten technischen Mittel zur Überwindung überkommener sexueller und ästhetischer Normen einsetzt. Zum anderen: weil in ihrer Kunst eben zwei – historisch tendenziell eher getrennte – Traditionen des sexuell emanzipatorischen Pop zueinanderfinden: der hymnische Imperativ und der Einspruch gegen festgelegte Identitäten. Einerseits richtet sich Planningtorock mit politisch expliziten, pathetisch verstärkten Botschaften an ihre Hörerinnen und Hörer und fordert sie dazu auf, für die Abschaffung des Patriarchats zu kämpfen und für eine Kritik des patriarchal geprägten Bewusstseins: »Patriarchal life, you're out of date / patriarchal life, get out of the way«, »Hear the drum / degenderise all intellect« – die Zeit des Patriarchats ist abgelaufen; es ist an der Zeit, das Bewusstsein von den überkommenen Schemata der Sexualität zu befreien. Diese parolenhafte Sprache steht in der Tradition großer queerer Selbstermächtigungshymnen wie etwa »Smalltown Boy« von Bronski Beat, »Freedom« von George Michael oder »Born This Way« von Lady Gaga: Diese Popmusik will ihrem Publikum sehr wohl ein Identitätsgefühl stiften: die verbindende Einsicht nämlich, dass es noch viele andere Menschen gibt, die genauso abweichen von der »Norm« wie sie selber. Und dass sie sich nicht dafür schämen müssen, so zu sein, wie sie sind, denn sie sind ja nun einmal so geboren: »Born This Way«.

Andererseits steht gegen diesen identitätsstiftenden und um Eindeutigkeit bemühten imperativischen Pop eine Tradition der sexuell emanzipatorischen Musik, der es gerade um den *Entzug* von Eindeutigkeit geht, um das Spiel mit Unschärfe, Überlagerung und Ambivalenz. Planningtorock wirkt gewissermaßen auf beiden Seiten. Die

Musik bietet ihre eindeutigen Botschaften in einer ästhetisch möglichst uneindeutigen Weise dar. So wie die Stimme sich mit technischen Mitteln der sexuellen Identifizierung entzieht, so wird sie, wie es der Kritiker Klaus Walter einmal formuliert hat, zu einer »geschminkten Stimme« gemacht.[99] Das weist zurück in eine lange popkulturelle Geschichte der sexuell überschreitenden Verstellung und Maskerade, von Travestie und Drag und der Neuerfindung des Selbst. Man kann diese Tradition bis zu den Cross-Dressing-Partys in den frühesten Jazzclubs von New Orleans in den 1910er Jahren zurückverfolgen.[100] Oder wenigstens – wenn man sich auf die neuere Popgeschichte beschränken will – bis in die frühen 1970er Jahre, als in den Underground-Clubs in New York die Disco-Kultur entsteht. Dort erschaffen DJs und Partyveranstalter wie der – 2016 verstorbene – David Mancuso mit ihren Clubs und Veranstaltungsreihen geschützte Räume für die Inszenierung sexueller Abweichung und Nichtidentität. In diesen »safe spaces« können die Besucher und Besucherinnen ihre Identitäten verbergen und wechseln. Es sind Räume, in denen die hier tanzenden Menschen ohne Angst vor Repressionen und Diskriminierung ihrem sexuellen Begehren folgen können; Räume, in denen man sich so kleiden und verhalten kann, wie es im Alltag unmöglich ist.[101]

Auch die Disco-Kultur hat große Selbstermächtigungshymnen hervorgebracht wie etwa »I Will Survive« von Gloria Gaynor. Doch geht es in dieser Tradition des sexuell emanzipatorischen Pop zunächst nicht um die Veränderung der Gesellschaft, um die Forderung nach Gleichberechtigung und um die Utopie einer sexuell emanzipierten Welt. Sondern vielmehr darum, diese Utopie im Kleinen *sofort* zu verwirklichen. In Klubs wie dem Berliner Berghain lebt diese Idee bis in die Gegenwart fort: die Idee, dass man die Besucher und Besucherinnen in eine – wie es der Autor Hakim Bey einmal genannt hat – »temporäre autonome Zone« versetzt, in der die Regeln und Zuschreibungen der Außenwelt bis auf weiteres nicht gelten. Darum herrscht etwa im Berghain auch ein absolutes Fotografierverbot, weil nichts, was in den hermetisch beschützten Gemäuern geschieht, nach außen dringen soll. So wird den Menschen, die hier tanzen und sich hier lieben, die Freiheit gewährt, wenigstens für die Dauer einer Nacht oder auch eines Wochenendes zu Anderen zu werden, ihre alltägliche Identität abzulegen.

»I could be anything I want«, singt die in Los Angeles lebende Transgender-Person Sophie in dem Stück »Immaterial«: »You could be me and I could be you / Always the same and never the same«.[102] Neben Planningtorocks »Transome« ist dies die andere große Hymne der sexuellen Transgression und Emanzipation, die 2018 entstanden ist; sie findet sich auf Sophies Debütalbum »Oil of Every Pearl's Un-Insides«. Ausgiebig preist Sophie darauf das neue Reich der Digital Natives: eine »Whole New World« (so der Titel des letzten Stücks) ohne Körper und ohne feste Identitäten; eine Welt des reinen Werdens und des stetigen Wandels, in der sich nicht zuletzt die eigene sexuelle Identität unentwegt neu bestimmen lässt. So übeträgt Sophie das Prinzip der sexuellen Maskerade und Neuerfindung aus den »safe spaces« der klassischen Klubs in den endlosen Raum der globalen Netzwerke. Freilich ist diese Übertragung auch mit dem Zweifel tingiert, ob die grenzenlose Freiheit in der virtuellen Welt nicht auch von den weit mühevolleren Kämpfen um die Freiheit im Realen ablenkt. »I feel so cold / Is this the way I feel?«, lautet die letzte Zeile von »Whole New World«: Was fühlen wir, wenn wir unsere Gefühle nur noch für Erfindungen halten? Was bleibt von uns, wenn wir nicht nur uns selber (im Rausch) aufgeben, sondern auch jenseits des Rausches (im Realen) das gesamte Konzept des Selbst?

Wie bei Planningtorock ist die Stimme bei Sophie elektronisch bearbeitet, doch ist sie nicht in den Tonhöhen »heruntergepitcht«, also erniedrigt und »maskuliner« gemacht, sondern im Gegenteil zu höchsten Höhen erhoben: Sie klingt nun wie ein Tonband, das viel zu schnell abgespult wird, wie ein irre gewordener Schlumpf oder ein Backenhörnchen aus einem Walt-Disney-Film unter MDMA-Einfluss. Zu erster Bekanntheit gelangte Sophie um das Jahr 2013 mit Liedern, die »Bipp« oder »Eeehhh« hießen und holpernde Rhythmen mit wildem Flötenspiel und kleingehacktem Operngesang kombinierten. In der Öffentlichkeit wurde sie damals als Mann wahrgenommen, der sich als Frau kostümiert. Sophie hat diese Deutung niemals kommentiert. Heute nutzt sie zwar das weibliche Geschlecht, wenn sie über sich selbst spricht. Aber sie beschreibt sich nicht als weiblich, auch nicht als trans oder queer, sondern als »vaping«, verdampfend.

Zu Mainstream-Ruhm gelangte Sophie 2014 als Koproduzent der Madonna-Single »Bitch I'm Madonna«. Und »Immaterial« erinnert nicht nur im Text, sondern auch in der Melodieführung an das alte Madonna-Stück »Material Girl« aus den achtziger Jahren. Bloß scheint die materielle Welt, die Madonna weiland besang, aus der Musik von Sophie inzwischen verschwunden. Ihre Sounds, ihre Stimmen stammen ganz aus der Sphäre des Digitalen; wie bei Planningtorock kann man auch hier beim Hören nicht herausfinden, wo die Grenze zwischen dem »Männlichen« und dem »Weiblichen«, dem »Natürlichen« und dem »Artifiziellen« verläuft. Doch ist Sophies Maskerade noch radikaler, sie bietet sich ihrem Publikum gar nicht mehr als realer Körper dar, sondern als Avatar, als Prophetin eines universalen Fake. Schon der Titel des Albums deutet darauf hin: »Oil of Every Pearl's Un-Insides« – ein offensichtlich verdrehter Titel, als hätte sich hier jemand verhört, sollte es doch heißen »I Love Every Person's Insides«: »Ich liebe von jedem Menschen die Innenseite.«

Popmusik war schon immer konservativ und progressiv, ein Spiegel der Verhältnisse und ein Motor ihrer Veränderung. Ohne diese Dialektik ist Pop nicht zu denken, das ist auch in unserer Gegenwart des Jahres 2019 nicht anders. Das heißt andererseits nicht, dass sich das Emanzipatorische nur in der Avantgarde findet, während etwa der Mainstream der massenbegeisternden Hitparadenmusik ganz an die Seite der sexuellen Restauration gefallen wäre: Denn auch dort finden sich immer mehr prominente Künstlerinnen und Künstler, die sich selber als sexuell »anders« oder »abweichend« bezeichnen; und dabei handelt es sich nicht nur um solche aus dem Feld des Elektropop und der Klubmusik. Auch die erfolgreichste Gitarrenrockdebütantin des Jahres 2018, Tash Sultana aus dem australischen Melbourne, bezeichnet sich als non-binäre Person, die weder mit »er« noch mit »sie« angesprochen werden möchte. Ihr Debütalbum »Flow State« war noch gar nicht herausgekommen – es erschien dann im Spätsommer des Jahres –, als ihre Europatournee sie schon durchweg durch ausverkaufte große Hallen führte.

Die erfolgreichste französische Popsängerin derselben Saison, Héloïse Letissier, nahm wiederum unter ihrem Alias Christine and the Queens ein queeres Manifest namens »Chris« auf. Letissier inszeniert sich mit trainierter Lesbenfigur und Kurzhaarschnitt als Identifikationsfigur für junge Mädchen, die sich mit den für sie vorgesehenen Zuschreibungen von »Weiblichkeit« nicht abfinden wollen. Dazu spielt sie eine Art pansexuellen Powerballadenpop mit allerlei Zitaten der queeren New Wave der frühen achtziger Jahre; manchmal gibt es auch nach Art des mittleren Prince knuckelnde Funkrhythmen zu Soli auf dem Umhängekeyboard zu hören. »Don't feel like a girlfriend / but lover / damn, I'd be your lover«, heißt es programmatisch in dem Song »Girlfriend«.[103] Darin bekundet Letissier gegenüber ihrer oder ihrem Geliebten, dass sie gerade keine unterwürfige Freundin sein will, sondern ein »lover« – also jemand, der oder die ohne jene geschlechtlichen Bestimmungen und Restriktionen auskommt, die beim Ausleben der sexuellen Wünsche nur stören.

Dieser Wunsch verbindet sie mit der Londoner Sängerin und Rockgitarristin Anna Calvi – auch wenn diese eine eher traditionelle, also maskulin geprägte Form der musikalischen Virtuosität pflegt. Calvi hat ihr Spiel bei Jimi Hendrix und klassischen Flamenco-Gitarristen abgeschaut; nach ihrem Debüt »Anna Calvi« aus dem Jahr 2011 half ihr Nick Cave in eine länger anhaltende Karriere hinein. Ähnlich dunkel, feucht und sündig lockend wie die Erotik des frühen Cave war auch jene, die Calvi auf dem Debüt- und dem 2013 nachfolgenden Album »One Breath« darbot. Ihr 2018er Album »Hunter« ist musikalisch noch reicher geworden, mit kräftig aus der Gitarre herausgekraulten Soli und flottem Feedbackgefiepe ebenso wie – in dem Stück »Swimming Pool« – mit dramatisch schillerndem Technicolorpop.

Wie Planningtorock, Sophie und Christine and the Queens möchte auch Calvi ihr Album ausdrücklich als queeres Manifest verstanden wissen: In Stücken wie »As A Man« oder »Don't Beat the Girl Out Of My Boy« empfiehlt sie ihren Hörerinnen und Hörern, im Leben wie in der Liebe zwischen »männlichen« und »weiblichen« Rollen und Verhaltensweisen zu wechseln. Niemand ist ausschließlich Mann oder ausschließlich Frau, und nichts ist erregender – erfahren wir in »As A Man« –, als sich in den

Körper eines anderen Geschlechts zu versetzen.[104] Denn wer sich nicht festlegt, sondern mit den Identitäten zu spielen versteht und mit dem Wechsel zwischen dominanten und submissiven Rollen – der oder die hat zweifellos auch den besseren und interessanteren Sex. Und das ist ja in der Tat eine unschlagbare Begründung und Motivation.

Anna Calvi selbst, indes, hält sich aus dem Spiel der polymorphen Perversionen und sexuellen Metamorphosen am liebsten heraus. In dem Stück »Alpha« besingt sie sich als Alpha-Wesen jenseits des Geschlechterdualismus: Sie allein bestimmt, wer für sie der Mann und wer die Frau ist und wer beim Sex mit ihr zu welchem Zeitpunkt zum Orgasmus gelangt. »I divide and conquer«, heißt es am Ende des Songs. Ich teile und herrsche: So will das wahrhaft souveräne Subjekt aus dem Spiel der Identitäten heraus doch wieder zu einer Position finden, in der die Regeln des Spiels sich erkennen und also bestimmen lassen. Auch in der schönen neuen Welt der unendlichen Transgression ist die Verbindung zwischen Sex und Macht nicht gekappt.

Ende 2018 ist es dann ausgerechnet die beliebteste und zugleich am liebsten geschmähte Schlagersängerin der Deutschen, Helene Fischer, die für das aufsehenerregendste sexualpolitische Statement des Jahres sorgt. Bei ihrer am ersten Weihnachtstag im ZDF ausgestrahlten »Helene Fischer Show« singt sie, wie jedes Jahr zu dieser Gelegenheit, mit ständig wechselnden Prominenten ein Duett nach dem nächsten; sie schmachtet mit dem italienischen Barden Eros Ramazzotti eine Ballade und schmettert mit Maite Kelly das Stück »Liebe lohnt sich«. Die größte Aufmerksamkeit erhält sie jedoch für das Lied »Regenbogenfarben«, das sie mit der Schlagersängerin Kerstin Ott aufführt – einer bekennenden Lesbe, die mit ihrem Kurzhaarschnitt und ihrem burschikosen Auftreten als Butch denkbar weit entfernt ist von den ästhetischen Normen, die für Frauen gerade auch im deutschen Showgeschäft immer noch gelten, und die dennoch mit »Die immer lacht« und »Scheißmelodie« zwei der erfolgreichsten Lieder der letzten Jahre produziert hat.

In der Weihnachtssendung singt Ott mit Helene Fischer ihr Lied »Regenbogenfarben«, das im Wesentlichen davon handelt, dass man die Welt in Regenbogenfarben anmalen sollte, weil sie danach eben bunter aussieht. In der zweiten Strophe heißt es dann aber, etwas konkreter: »Er und er / zwei Eltern, die ihr Kind zur Kita bringen / sie und sie tragen jetzt den gleichen Ring / alles ganz normal«. Im Publikum werden dazu Regenbogenflaggen geschwenkt, fast sechs Millionen Zuschauer sehen sich das Duett an ihren Fernsehgeräten an.[105] »Ein starkes Statement«, heißt es am folgenden Tag in der Bild-Zeitung: »Helene Fischer macht LGBT-Fans glücklich«.[106] Wobei Fischer und Ott ja eigentlich nur die Ansicht zum Ausdruck gebracht haben, dass alle Menschen die Freiheit besitzen sollten, so zu sein, wie sie wollen, und so zu lieben, wie sie wollen. Das ist in jeder halbwegs aufgeklärten Gesellschaft das Selbstverständlichste auf der Welt; dass so etwas wieder als »starkes Statement« gefeiert wird, zeigt vor allem, wie nachhaltig der Rechtsruck der letzten Jahre gewirkt hat.

Aber noch etwas Zweites ist interessant: dass es nämlich ausgerechnet das gerade von linken oder emanzipatorisch orientierten Kritikern und Kritikerinnen als spießig und reaktionär geschmähte Genre des Schlagers ist[107], in dem solche Arten sexuell emanzipatorischer Statements ein breites Massenpublikum erreichen. Zum Vergleich: Im deutschsprachigen HipHop wäre eine Figur wie Kerstin Ott völlig undenkbar – oder: Wenn es sie gäbe, würde sie nur ein kleines Underground-Publikum erreichen, das mit dem Rest der Genre-Hörerschaft wenig zu tun hat, wie etwa die 2018 immerhin von der Kritik vielgefeierten Rapperinnen Hayiti und Ebow. Dass der Schlager offener ist für Menschen, die von den ideologischen Grundannahmen des Patriarchats und der heterosexuellen Norm abweichen, hat natürlich damit zu tun, dass er schon seit den siebziger Jahren ein breites queeres, vor allem schwules Publikum anzieht; er spielte hierzulande die Rolle, die in den USA die Disco-Kultur und der Glamrock einnahmen oder in Großbritannien die New Wave.

Wenn diese musikalischen Genres überhaupt nach Deutschland gelangten, dann in eher heterosexuell geprägten Varianten – man vergleiche die transgressive Ästhetik der britischen New Wave mit der »Neuen Deutschen Welle« oder die queere Disco von Sylvester, Patrick Cowley oder auch Village People mit deutschen Beiträgen wie Boney M. Das schwule Publikum begeisterte sich auch deshalb ersatzweise für den Schlager, weil dieser zumindest in Teilen mit den Mitteln der Übertreibung, der Travestie und des Glamours arbeitete, wie sie für queere Popmusik typisch sind. Und weil er auch dort, wo er selber nicht überzeichnete, sich mit einer ironisierenden Camp-Haltung genießen ließ: Die Begeisterung der queeren Community für den Schlager ist gewissermaßen einer der ersten massenwirksamen Fälle von »cultural appropriation« in der deutschen Popkultur; er wurde von einem bestimmten Publikum zu seiner Lieblingsmusik erkoren, obwohl oder gerade weil er für dieses gar nicht gedacht und gemacht war. Diese Art der aneignenden Rezeption ist nun ihrerseits von links-emanzipatorischer Seite in den letzten Jahren scharfer Kritik ausgesetzt worden; ich komme darauf im neunten Kapitel zurück.

Der erstaunliche Erfolg von Helene Fischer liegt nun wiederum darin begründet, dass sie den Schlager einerseits entironisiert hat – sie posiert ja in vollem Ernst als omnipotente Pop-Schlagerkönigin –, während sie ihre Inszenierung andererseits stark mit queeren Elementen durchsetzt. So bot sie auf dem ersten großen Freilichtkonzert, das sie im Sommer 2011 in der Berliner Waldbühne spielte, unter anderem ein Medley aus Stücken der Gruppe Queen dar und imitierte mit dramatischer Geste Freddie Mercury, den ersten großen offen schwul lebenden Popstar. Außerdem sang sie »Pokerface« von Lady Gaga, die damals gerade als queere Ikone auf dem ersten Höhepunkt ihres Ruhms angekommen war, wozu Fischers Mitmusiker sich entsprechend wasserstoffblonde Dragqueen-Perücken aufsetzten. Eine Weile ließ sie sich denn auch ganz gerne als »deutsche Lady Gaga« anreden und schien neben dem Publikum der Schlager- und Volksmusiksendungen, in denen sie groß geworden war, auch deutlich auf die queere Szene zu zielen.[108] Dann aber breitete sich bei ihr und ihrem Management wohl doch eine gewisse Unsicherheit aus, ob man mit zu viel »Lady Gaga« das konservative Publikum nicht zu sehr verschreckt; auf ihrem bislang letzten Album »Helene Fischer« aus dem Frühjahr 2017 erweckte sie wieder einen deutlich heteronormativeren Eindruck als zuvor.

Insofern kann man das »Regenbogenfarben«-Duett mit Kerstin Ott als riskanten Schritt innerhalb der Fischer'schen Gesamtinszenierung betrachten und also als politische Positionierung – was die Künstlerin freilich nicht daran hinderte, bereits am darauffolgenden Sonnabend bei der »Schlagerchampions«-Show im Berliner Velodrom gemeinsam mit Andreas Gabalier aufzutreten, jenem österreichischen Volksmusiksänger, der in krachledernen Hosen zwangsheterosexuelle Brunftmusik bietet und keine Gelegenheit auslässt, sich über den ihn umgebenden »Gender-Wahnsinn« zu beklagen. Das heißt: Auch wenn Fischer einen Moment lang als Ikone des queeren Empowerment erscheinen konnte, achtet sie doch weiterhin darauf, in alle politischen und kulturellen Richtungen anschlussfähig zu bleiben.

6. »Dahoam, da komm i her«
Zur politischen Ambivalenz der Heimatrocker

Auch die Betrachtung von Andreas Gabalier beginnt zunächst einmal mit einem Skandal: Denn wer geglaubt haben sollte, dass nach Abschaffung des Echo-Musikpreises schnell wieder Ruhe im Preisverleihungswesen einkehren würde, wurde alsbald eines Besseren belehrt, und zwar bereits ein Jahr darauf, zum Münchener Faschingsfest im Februar 2019. Seit 1973 verleihen die im Verein »Narrhalla« zusammengeschlossenen Münchener Narren alljährlich ihren »Karl-Valentin-Orden« an eine prominente Persönlichkeit, die durch die »humorvollste beziehungsweise hintergründigste Bemerkung im Sinne von Karl Valentin« aufgefallen ist, »für eine Rede oder Handlung, für ein Zitat, welches in der Öffentlichkeit publik wurde«.[109] Dass der Komiker Valentin selber dem Faschingsfest und insbesondere der Humorfähigkeit der Münchener Bevölkerung eher skeptisch gegenüberstand, konnte ihn postum nicht davor bewahren, zum Namenspatron dieses Ordens zu werden. Auch die Geistesverwandtschaft zwischen vielen Preisträgern und ihm liegt nicht unmittelbar auf der Hand; in den vorangegangenen Jahren wurde die Trophäe etwa an Horst Seehofer, Til Schweiger, Heino und Philipp Lahm überreicht.

Schon die Verleihung an Heino im Jahr 2015 hatte kritische Kommentare bezüglich der Frage provoziert, inwiefern sich der Preisträger denn in einer Traditions- und Humorlinie mit Karl Valentin befände. Im Winter 2019 formierte sich schließlich erheblicher Protest, weil die »Narrhalla«-Narren als Ordensträger den österreichischen Schlagersänger und »Volks-Rock'n'Roller« Andreas Gabalier ausgewählt hatten. Selbiger ist seit einem Jahrzehnt, seit seinem Debütalbum »Da komm' ich her« aus dem Jahr 2009, einer der erfolgreichsten Popmusiker im deutschsprachigen Raum. Mit Liedern wie »I sing a Liad für di«, »Dahoam«, »Daham bin i nur bei Dir«, »Hulapalu« und »Hallihallo« erfreut er sich nicht nur in Österreich, sondern auch in Deutschland großer Beliebtheit – und das obwohl er seine Lieder fast durchgehend im Dialekt seiner steirischen Heimat darbietet. Andreas Gabalier trägt rustikale kurze Lederhosen, zugleich eine scharf rasierte und gegelte Frisur nach Rockabilly-Manier, er spielt Akkordeon und jodelt gelegentlich dazu, greift aber auch immer wieder zur elektrisch verstärkten Rockgitarre. Er verbindet volkstümlichen Schlager und das dazugehörige Lob der ländlichen Herkunft mit einigen musikalischen Mitteln der internationalen Pop-Moderne; man kann sich seine Musik mithin wie eine Mischung aus Rammstein,

Luis Trenker und Heino vorstellen. Oder als Inversion seiner – wie schon erwähnt – gelegentlichen Duettpartnerin Helene Fischer: Denn so wie diese das traditionell eher heimat- und provinzverhaftete Genre des Schlagers erfolgreich mit der Aura internationalen Pop-Glamours versehen hat, so hat Gabalier das traditionell eher kosmopolitische Genre der Rockmusik mit den schweren Zeichen der alten Volksmusik überformt und auf diese Weise zum ebenso großen Entzücken eines breiten Publikums provinzialisiert.

Zu seinen Konzerten kommen die Gabalier-Fans denn auch gerne – selbst in nord- und ostdeutschen Regionen – im »ethnic drag«[110] aus Dirndln und Lederhosen; sie kleiden sich in die Trachten der Steiermark oder gleich in die vom Künstler designte »Andreas Gabalier Kollektion«. Musik und Mode, unterschiedliche Arten des künstlerischen Ausdrucks und der ökonomischen Profitmaximierung, sind hier zu einem bemerkenswert schlüssigen Konzept verbunden.

Nach der Nominierung Gabaliers brach gleichwohl ein Sturm der Entrüstung aus. Dies sei »ein schockierender Fehlgriff«, fand etwa der ehemalige Münchener Oberbürgermeister Christian Ude, der im Jahr 1999 bereits selber einmal den Karl-Valentin-Orden erhielt. Sabine Rinberger, die Direktorin des Valentin-Karlstadt-Museums, sagte: »Da dreht's mir nicht nur den Magen um, da zerspringt mir das Herz.« Und der Nachlassverwalter der Familie Karl Valentins, Gunter Fette, erläuterte seine Ablehnung so: »Es ist nicht hinzunehmen, dass Gabalier mit seinem offenkundigen Spiel mit faschistischen Symbolen, seiner Frauenfeindlichkeit und seiner Homophobie mit dem Namen Karl Valentins in Verbindung gebracht wird.«

Fette bezog sich dabei auf eine Reihe von Äußerungen Gabaliers sowie auf das Cover seines dritten Albums »Volks-Rock'n'Roller« aus dem Jahr 2011. Darauf sieht man den Künstler auf einem Berggipfel in einer komplizierten Körperhaltung, die entweder so wirkt, als sei er beim Versuch, gleichzeitig zu laufen, zu springen und ein Rad zu schlagen, mit einem Akkordeon in der Hand eingefroren – oder eben als wolle er damit ein Hakenkreuz imitieren. Beide Deutungsmöglichkeiten erscheinen gleichermaßen plausibel: Andreas Gabalier hat aber auf Nachfrage mehrfach beteuert, dass er hier beim besten Willen kein Hakenkreuz entdecken kann.[111]

Auch an anderen Stellen in seinem Werk finden sich Bilder, die man als Anspielung auf nationalsozialistisch geprägte Symboliken verstehen kann – oder eben auch nicht. So heißt es in seinem Lied »Mein Bergkamerad« von dem 2010er Album »Herzwerk« (hier in hochdeutscher Übersetzung): »Kameraden halten zusammen ein Leben lang, / eine Freundschaft, die ein Männerleben prägt, / wie ein eisernes Kreuz, das am höchsten Gipfel steht / und selbst dem allerstärksten Sturmwind widersteht.«[112] Gipfelkreuze sind in der Regel aus Holz oder Metall gefertigt, warum muss dieses hier gerade aus Eisen sein?

Ähnlich ambivalent wird die Deutungslage, wenn es

um die vom Nachlassverwalter Fette ins Feld geführte »Homophobie« des Künstlers geht. In Gabaliers Liedtexten finden sich keine Hinweise darauf. »Man hat es nicht leicht auf dieser Welt, wenn man als Manderl noch auf Weiberl steht«[113], hat er einmal auf einer Bühne gesagt; und in einem Interview mit dem Münchener Merkur beteuerte er, dass er zwar nichts gegen Schwule habe, aber finde, »dass man diese Sexualität nicht ganz so breit in der Öffentlichkeit austreten muss. Aus Respekt unseren kleinen Kindern gegenüber. Die sollten sich doch ihr eigenes Bild von Sexualität machen, wenn sie alt genug sind. Und nicht unbedingt auf dem Weg in den Kindergarten die Pudelnackerten auf den großen Plakatwänden sehen.«[114] Dabei wirkt Gabalier mit seinem »sexy gestylten« Outfit und nacktem Muskelspiel selbst ausgesprochen schwul. Bei Bühnenauftritten pflegt er seinen knackigen Hintern meist bloß mit einer kurzen, stark körperbetonenden Lederhose zu bekleiden; eine Tracht, mit welcher er zweifellos sexuelle Fantasien zu wecken versteht. Im bereits erwähnten Lied »Mein Bergkamerad« heißt es, er und sein Kamerad hätten »alles« erlebt, »was eine Männerfreundschaft prägt«.

Der Vorwurf der Frauenfeindlichkeit speist sich aus wiederholt vorgebrachten Klagen des Künstlers über die »Genderverseuchung« der Gegenwart. »Dass man in unserer genderverseuchten Zeit bald auf Ideen kommt, wie man im Privatleben vielleicht noch rechtlich festlegen könnte, dass der Mann einmal die Woche den Geschirr-

spüler ausräumt und die Wäsche aufhängt, das geht irgendwann zu weit«[115], sagte er in dem bereits erwähnten
Interview mit dem Münchener Merkur und mag damit
einen familienpolitisch etwas traditionellen Eindruck
erwecken. Andererseits hat Gabalier schon mehrfach bewiesen, dass er an Frauen nicht nur ihre Kompetenzen
in der Küche schätzt. Er schaut ihnen auch gerne beim
Holzhacken zu und entwickelt daraus erotische Fantasien;
so lässt er sich in dem Video zu seinem im Herbst 2018
veröffentlichten Lied »Hallihallo«[116] von einer tätowierten
Dirndlträgerin mit einer im Verlauf des Hackens immer
größer werdenden Axt erregen. Der Blick auf die Brüste
der Frau blendet dann in das Bild eines großen, prallen
Kuheuters über, der von Andreas Gabalier mit kräftigen
Händen gemolken wird. Während die einen darin eine
unmissverständlich frauenfeindliche Note erkennen, haben die unzähligen Konzertbesucherinnen offensichtlich
nichts gegen den Vergleich ihrer Brüste mit Eutern.

In politischer wie in sexualästhetischer Hinsicht ist
das Schaffen von Andreas Gabalier also konsistent ambivalent. Zwar bekundet er in seinem Lied »A Meinung haben« von dem 2015er Album »Mountain Man«, dass eine
feste Meinung für ihn das Wichtigste sei: »A Meinung
ham, dahinter stehn / Den Weg vom Anfang zu Ende gehen / Wenn sei muaß ganz allan do oben stehn«.[117] Doch
gründen seine eigenen künstlerischen und aufmerksamkeitsökonomischen Strategien gerade im Gegenteil in der
fortwährenden Verschleierung dessen, was er eigentlich

meint – nicht zuletzt damit er sich jedes Mal, wenn er für eine bestimmte Meinung in die Verantwortung genommen werden soll, als unschuldiges Opfer einer übelwollenden linken Mainstream-Öffentlichkeit inszenieren kann.

Das verbindet ihn nicht nur mit Kollegah und Farid Bang, sondern auch generell mit den rhetorischen Strategien der populistischen Politik. Nicht zufällig gehört der österreichische Vizekanzler und Chef der populistischen Partei FPÖ, Heinz-Werner Strache, zu den bekennenden Fans von Gabalier. Nachdem er über seine Unterdrückung als heterosexueller Mann klagte, applaudierte ihm Strache auf Facebook: »Respekt! Andreas Gabalier lässt sich vom linken Mainstream nicht beeindrucken!«[118] Das heißt, wo Gabalier in seinen Äußerungen konsequent im Ungefähren und Ambivalenten verblieb, sorgte Strache mit seinen Kommentaren für Vereindeutigung und politische Positionierung, was der Künstler selbst öffentlich wiederum nicht kommentierte. Auch in der Debatte um den Karl-Valentin-Orden fuhr Strache schweres Geschütz gegenüber den Kritikern auf: Hier zeige sich »pathologischer Hass gegenüber andersdenkenden Kunstschaffenden«, schrieb er wiederum auf Facebook und schloss mit dem pathetischen Ausruf: »Der Kunst ihre Freiheit. Freiheit der Kunst!«

In dem bereits erwähnten Lied »A Meinung haben« verspricht Gabalier eine »neue Zeit« und ein »neues Land«, in dem endlich wahre Meinungsfreiheit herrschen wird – anders als es seiner Ansicht nach offenbar gegenwärtig der Fall ist, wo immer nur »einer redet« und »die anderen still sind«, oder wie es im mundartlichen Originaltext heißt: »Wie kann des sein / Dass a poar Leut / Glauben zu wissen / Wos a Land so wü / Is des der Sinne einer Demokratie / Dass ana wos sogt und die andern san stü«. Dass wir nicht in einer Demokratie leben, sondern in einer Meinungsdiktatur, die unbequeme Ansichten verhindert – diese Behauptung ist bekanntlich ein wesentliches Element der populistischen Politik der letzten Jahre gewesen. Schuld an dieser Meinungsdiktatur sind im Allgemeinen die »linken«, »grünen«, »liberalen«, »kosmopolitischen« oder sonst wie entwurzelten und traditionslosen »Eliten« – sowie im Besonderen die »Lügenpresse«, die das Bild der Realität unaufhörlich verzerrt.

Andreas Gabalier ist denn auch keineswegs der einzige deutschsprachige Popmusiker, der diese rhetorische Figur in den letzten Jahren bemüht hat. »Journalisten, Priester, die einfach immer alles wissen / Die nur schreiben, die nur richten, und die Wahrheit finden sie beschissen / Sie sind Propheten, glaub ihnen blind, ihr müsst sie lieben / Zweifler, Hinterfrager sollen jetzt Peitschenhiebe kriegen«: So heißt es etwa in dem Lied »Gutmenschen und Moralapostel« von der aus Südtirol stammenden Rockgruppe Frei.Wild; es ist im Jahr 2012 auf ihrem Album »Feinde deiner Feinde« erschienen. Im Refrain bekundet die Gruppe schließlich ihre Verachtung für die Schuldigen an dieser Misere: »Ich scheiß auf Gutmenschen, Moralapostel /

Selbsternannt, political correct (…) Die Übermenschen des Jahrtausends / Ich hasse sie wie die Pest«.

Der Sänger der Band, Philipp Burger, hat seine Karriere Anfang der nuller Jahre in einer Naziskin-Gruppe namens Kaiserjäger begonnen; mit Frei.Wild ist er in den zehner Jahren zu einem der erfolgreichsten deutschsprachigen Musiker geworden: Weit über eine Million Alben haben Frei.Wild in dieser Zeit verkauft, seit ihrem siebten Album »Gegenwind« aus dem Jahr 2010, mit denen ihnen der Durchbruch bei einem breiten Publikum gelang.[119] In ihrer Tonlage und rhetorischen Drastik unterscheiden sie sich deutlich von Andreas Gabalier; sie geben sich generell maskuliner, aggressiv und hasserfüllt. Auch weist ihre Musik keine volkstümlichen oder schlagerartigen Elemente auf; eher erinnert sie mit ihrem groben E-Gitarren-Spiel und dem heiseren Gebell von Burger an zur Stadiongröße emporgestiegene Punkrockgruppen wie Die Toten Hosen und die Böhsen Onkelz. Abgesehen davon gibt es jedoch einige Parallelen zwischen Frei.Wild und Gabalier. Beide beglücken ihr Publikum mit der Ikonografie idyllischer Alpenlandschaften und der Pose des naturbelassenen Bergbauernburschen; sie stellen also in jeder Hinsicht das Gegenteil dar zu jenen »urbanen« oder »kosmopolitischen« Existenzformen, wie man sie gemeinhin mit der Popmusik assoziiert – dazu später noch mehr – und wie sie in der jüngeren Vergangenheit in das Visier der populistischen Politik und ihrer intellektuellen Vordenker geraten sind.

Dabei bekundet Gabalier seine Heimatliebe in schlichterer, weniger offensiver, manchmal sogar als ironisch bewertbarer Weise: »I glaub an mei Land und die ewige Liab / Nix is mehr Daham als ein Schnitzel aus der Pfann«, heißt es in dem Lied »Kleine heile steile Welt« von seinem 2018er Album »Vergiss mein nicht«. Und nicht unkritisch: »I glaub an Leut, die sich geben wie sie sind / In einem christlichen Land hängt ein Kreuz an der Wand (…) Vaterunser beten, Holzscheitelknien«, wobei es sich bei letzterer Tätigkeit, wie man für nichtösterreichische Leser und Leserinnen vielleicht erläutern muss, um eine in den eben nicht nur guten alten Zeiten verbreitete Züchtigungsmethode für unbotmäßige Schüler handelt, bei der diese gezwungen wurden, für längere Zeit auf der scharfen Kante eines Holzscheits zu knien.

Was für den Gabalier'schen Heimatbegriff Schnitzel, Kreuz und Scheit sind, das sind für Frei.Wild wiederum die »Werte der Heimat«, die sie in ihrem Stück »Wahre Werte« aus dem Jahr 2010 besingen: »Sprache, Brauchtum und Glaube sind Werte der Heimat / Ohne sie gehen wir unter, stirbt unser kleines Volk«. Dabei fühlen sie sich von vaterlandslosen »Vollidioten« umzingelt, wie sie in ihrem 2015 erschienenen Stück »Das Land der Vollidioten« beklagen: »Ihr seid dumm, dumm und naiv / wenn ihr denkt, Heimatliebe ist gleich Politik / Das ist das Land der Vollidioten, / die denken, Heimatliebe ist gleich Staatsverrat.« Auch Andreas Gabalier hat schon lange vor der Affäre um den Karl-Valentin-Orden darüber geklagt hat, dass er wegen seines Bekenntnisses zur Heimat und zu traditionellen Auffassungen von Moral und Familie diskriminiert wird. Ihn störe es, »dass der Begriff Heimat, für den ich auch stehe, immer gleich in die rechte Ecke gedrückt wird, das sehe ich nicht ein, das lasse ich nicht zu«, sagte er 2015 in einem Interview mit der Zeitung Die Welt[120].

Anders als im Fall von Gabalier kleiden sich bei Frei.Wild-Konzerten weder das Publikum noch die Band in die Trachten der dazugehörigen Heimatregion Südtirol, sondern in bemerkenswerter Einheitlichkeit in T-Shirts mit Songtiteln und Sinnsprüchen der Gruppe. Auf diesen kann man beispielsweise dann lesen: »Ich scheiß auf Gutmenschen und Moralapostel« – in Anlehnung an das bereits erwähnte Lied –; oder auch »Euer Hass ist unser Lohn«, »Eure Lügen Euer Hassen Unser Antrieb Weiterzumachen« oder schlicht »Opposition«. Bei einem Konzert, dem ich Ende 2015 in Berlin einmal beiwohnen durfte, kam es am Höhepunkt des Abends dann aber doch zu einer landsmannschaftlichen Identifikation des Publikums. Zu dem Stück »Südtirol« wurden große Südtirol-Flaggen geschwenkt, und das mehrheitlich fraglos aus Berlin und Brandenburg stammende Publikum sang wie aus einer Kehle mit: »Südtirol, wir tragen deine Fahne / denn du bist das schönste Land der Welt«, sowie: »Ich dulde keine Kritik / an diesem heiligen Land / das unsere Heimat ist«.

Auch Frei.Wild können auf diverse Skandale bei popkulturellen Preisverleihungen zurückblicken; in ihrem

Fall war es wiederum der Echo, der Anlass zum Aufruhr gab. Im Jahr 2013 wurden sie für einen Preis in der Kategorie »Rock/Alternative National« nominiert – womit die Echo-Verantwortlichen, ohne dass dies für nennenswerte Irritationen sorgte, Südtirol zum deutschen Nationalgebiet hinzuschlugen: Zu diesem hat die Region freilich schon seit dem Jahr 1810 nicht mehr gehört, als sie vom Königreich Bayern an das italienische Königreich abgetreten wurde. Die Kontroverse, die im Folgenden entstand, wurde von den deutschen Popgruppen Mia und Kraftklub ausgelöst. Sie gaben aus Protest gegen die »deutschnationalen Texte« von Frei.Wild ihre eigenen Nominierungen zurück. Darauf wurde die inkriminierte Gruppe von den Echo-Verantwortlichen kurzerhand wieder aus dem Wettbewerb geworfen, worauf deren Anhänger ihrerseits mit einem Internet-Shitstorm reagierten. Allerdings verwechselten viele von ihnen die Gruppe Mia aus Berlin mit der britisch-tamilischen Rapperin M.I.A. und Kraftklub aus Chemnitz mit Kraftwerk aus Düsseldorf und pöbelten daher zu Hunderten die falschen Facebook-Seiten voll.

Für die Echo-Verleihung im darauffolgenden Jahr, 2014, richteten die Veranstalter erstmals jenen »Ethik-Beirat« ein, von dem bereits im ersten Kapitel die Rede war, als dieser sich 2018 für die Teilnahme von Kollegah und Farid Bang aussprach. Auch Frei.Wild wurde von ihm Unbedenklichkeit attestiert. Allerdings schlug die Band die darauffolgende Einladung aus: Zu tief sei die »Verletzung auf der emotionalen und seelischen Ebene«, gab sie in einer Stellungnahme bekannt: »Wir wurden als Band samt unseren Fans mit der Ausschluss-Entscheidung von 2013 diffamiert und geschädigt.« Sie reiste dann zwar trotzdem nach Berlin, aber nur um mit einigen Anhängern und Anhängerinnen vor den Veranstaltungshallen »gegen Extremismus und Rassismus« zu protestieren.

Eine Weile haderte der Bundesverband der Musikindustrie mit dem rechten Umgang mit Frei.Wild; 2016 lud er sie erneut ein, um ihnen nun wirklich einmal den »Rock/ Alternative-National«-Echo zu verleihen und während der Show – wie zur Entschuldigung für ihre schlechte Behandlung – Gelegenheit zu einer Ansprache zu geben. Frei.Wild-Sänger Philipp Burger nutzte das Angebot mit triumphierendem Trotz: »Heute zeigt sich, dass Ehrlichkeit am Längsten währt«, sagte er, »dass Fehlentscheidungen richtiggestellt werden könnten; dass manche Einsicht zwar spät, aber dennoch sicher kommt.« Der Preis stünde der Band zweifellos zu. »Aber dennoch, zu Hause aufstellen werden wir ihn nicht.« Stattdessen wolle man ihn »als Symbol für Standhaftigkeit und Durchhaltevermögen in der Öffentlichkeit präsentieren«.

Im Jahr 2017 blieben Frei.Wild der Echo-Verleihung wiederum fern, obgleich sie für ihr Greatest-Hits-Album »15 Jahre mit Liebe, Stolz und Leidenschaft« erneut für einen »Rock/Alternative-National«-Preis nominiert waren. Dafür nahm Andreas Gabalier seine dritte Echo-Trophäe in der Kategorie »Volkstümliche Musik« entgegen, und zwar für das Album »MTV Unplugged«, auf dem er unter anderem das Lied »A Meinung haben« im Duett mit Xavier Naidoo darbietet. Aber auch jenseits des Genres der »volkstümlichen Musik« konnte man bei dieser Echo-Verleihung beobachten, welch dominante Position die Themen Heimat, Herkunft und Tradition in der deutschsprachigen Rock- und Popmusik inzwischen einnehmen – und zwar auch bei Bands, die sich selber als unpolitisch oder eher »links« einordnen würden. So gehörten zwei weitere Nominierte für den »Rock-National«-Echo 2017, Schandmaul und In Extremo, dem sogenannten Mittelalter-Rock an, der den Sound elektrisch verstärkter Gitarren mit Sackpfeifen, Drehleiern, Harfen, Schalmeien und allerlei anderen antiquierten Instrumenten anreichert. Neben Themen wie Rattenplagen und Hexerei spielen in den Liedern dieser Bands auch Seefahrerei und Piratentum eine Rolle – womit sie der erfolgreichsten neuen Deutschrockgruppe der zehner Jahre nacheifern, Santiano von der holsteinischen Nordseeküste, die zwischen 2013 und 2018 vier Echos in der Kategorie »Volkstümliche Musik« erhalten haben. Seit ihrem 2012 erschienenen Debüt »Bis ans Ende der Welt« haben Santiano über vier Millionen Alben verkauft; und zwar mit einer robusten, gelegentlich plattdeutsch betexteten Musik, die sie selber »Shantyrock« nennen. Und auch hier verbindet sich die Sehnsucht nach einer vortechnisierten Vergangenheit mit einem musikalischen Regionalismus, also: mit der Ansprache von Heimatgefühlen.

Weder Santiano noch In Extremo oder Schandmaul beziehen in irgendeiner Weise politische Positionen, die sich mit jenen von Andreas Gabalier oder Frei.Wild vergleichen lassen. Doch ist gerade daran zu sehen, dass sich das von all diesen Gruppen befriedigte Bedürfnis nach heimatverbundener Rock- und Popmusik bei weitaus mehr Menschen finden lässt, als man der potenziellen Wählerschaft rechtspopulistischer Parteien zuschlagen kann. Wir scheinen es hier vielmehr mit einer umfassenden kulturellen Disposition zu tun zu haben, die sich im aggressiven Patriotismus von Frei.Wild ebenso artikulieren kann wie in der melancholischen Sehnsucht von Schandmaul nach den alten Zeiten, in denen das Leben übersichtlicher und einfacher schien. Und die alle Künstler, von denen hier bislang die Rede war, auch mit jener Gruppe verbindet, die in den letzten Jahren zur prominentesten Vertreterin eines »linken« Deutschrock geworden ist: Feine Sahne Fischfilet aus Mecklenburg-Vorpommern. Um deren Verbindung aus Heimatlob und emanzipatorischer Politik soll es im Folgenden gehen.

7. »Zuhause heißt: alle sind gleich«
Linke Heimatmusik und ihre Provokationen

Feine Sahne Fischfilet sind im Norden verwurzelt, sie lieben ihre Heimat und schätzen deren landschaftliche Reize: »Ich lieb' die Wellen und das Meer / viel zu selten komme ich hierher«, heißt es in ihrem 2018 erschienenen Stück »Wo niemals Ebbe ist«: »Mein Zuhause ist der Strand / denn dort hab' ich keinen Empfang«. Die sechs Mitglieder der Band stammen aus verschiedenen Dörfern in Mecklenburg-Vorpommern, ihr Proberaum steht in Greifswald, ihr Sänger Jan »Monchi« Gorkow lebt in Rostock und lässt sich gern dabei filmen, wie er barfuß in den Wellen am Ostseestrand spazieren geht. »Für mich ist Mecklenburg-Vorpommern das geilste Bundesland«, sagt er in einem Interview mit der Süddeutschen Zeitung: »Weil ich hier am Meer lebe, weil hier meine Familie ist.«[121] Wann immer die Musiker unterwegs sind, wünschen sie sich doch nichts mehr, als zurück nach Hause zu kommen. Und sich dort mit guten Freunden zu betrinken. Darum beginnt das 2018 veröffentlichte Album »Sturm und

Dreck« denn auch mit dem Lied »Zurück in unserer Stadt«, in dem Jan Gorkow eine gemeinsam mit seinen Bandkollegen unternommene Sauftour durch die heimatlichen Straßen schildert: »Wir sind zurück in unserer Stadt / mit zwei Promille durch die Nachbarschaft / wir sind zurück in unserer Stadt / und scheißen vor eure Burschenschaft.«

Die Verbindung aus Heimatliebe und Freude am männerbündischen Saufen teilen sie mit Frei.Wild. Auf deren Album »Mensch oder Gott« aus dem Jahr 2004 findet sich das Stück »Heimat« – »Das ist unsere Heimat, das ist Südtirol / steh mit vollem Herzen zu dir, nur hier / nur hier fühle ich mich wohl« – neben gleich drei Liedern, die sich mit dem gemeinschaftsstiftenden Geist des Alkoholkonsums befassen: »Alkohol«, »Gratissäufer« und »Voll«.[122] Auch im Klangbild ähneln die beiden Gruppen einander, in den kräftigen schlichten Gitarrenriffs und im heiseren Gesang ebenso wie in der Dramaturgie der Lieder, die in den Refrains verlässlich auf hymnisch geschmetterte Parolen hinauslaufen. Die Punkrock-Elemente bei Feine Sahne Fischfilet sind zudem mit kräftigen Bläsersätzen aus der Tradition des jamaikanischen Ska angereichert; die Konzerte beider Gruppen in Hallen oder Stadien werden von mitgrölenden Publikumschören begleitet.

Gleichwohl gibt es einen wesentlichen Unterschied zwischen ihnen. Entgegen Frei.Wild verstehen sich Feine Sahne Fischfilet ausdrücklich als linke Band. »Antifascist Action« lautet ihr Motto, wie sie es in einem gleichnamigen

Stück aus dem Jahr 2010 formulieren: »Wut im Bauch / und Trauer im Herzen / da ist noch eine Flamme / Antifascist Action«. Dass sie ihre Heimat lieben, führt in ihrem Fall denn auch nicht dazu, dass sie – analog etwa zu Andreas Gabaliers Inszenierung seiner steirischen Herkunft – in den Fischertrachten der vorpommerschen Ostseeküste auf die Bühne gehen oder ihre Lieder in dem nur noch selten zu hörenden Dialekt des pommerschen Platt darbieten würden. Sie sehen den Wesenskern der Heimat nicht in einem Bündel aus Bräuchen und Traditionen, sondern vielmehr im Gefühl der Sicherheit, das ihnen der Anblick vertrauter Landschaften verleiht, und mehr noch in der Nähe von vertrauten Menschen, von Freunden und Familienmitgliedern. »Zuhause heißt – wenn dein Herz nicht mehr so schreit«, singt Jan Gorkow in dem Lied »Zuhause« aus dem Jahr 2018: »Zuhause heißt – wenn die Angst der Freundschaft weicht / Zuhause heißt – wir schützen uns, alle sind gleich«.

Das ist zunächst einmal deswegen interessant, weil Feine Sahne Fischfilet sich damit jener begrifflichen Opposition entziehen, die im rechtspopulistischen Lager seit einer Weile kursiert. Denn sie sind links, aber nicht »vaterlandslos«, wie man früher gesagt hätte, oder »kosmopolitisch«, wie der Begriff zur Beschreibung des politischen Gegners in der Neuen Rechten heute heißt. Wesentlichen Anteil an der aktuellen politischen Misere – so lautet dort die Argumentation – habe der Umstand, dass die politische und die kulturelle Macht in den Händen entwurzelter kosmopolitischer Eliten liegt, die für die Bedürfnisse der ehrlich arbeitenden, in ihrer Heimat verwurzelten normalen Bürger kein Verständnis mehr aufbringen wollen und können. Entsprechend hat es etwa der AfD-Bundessprecher Alexander Gauland in Reden und Essays dargelegt[123]; Gauland entlehnt seine Stichworte unter anderem bei dem britischen Soziologen David Goodhart, der die Bevölkerung in »somewheres« und »anywheres« unterteilt. Für Goodhart gibt es einerseits Menschen, die überall und nirgendwo – »anywhere« – zu Hause sind und daher auch für die Bewahrungen regionaler Traditionen und Identitäten keinen Sinn aufbringen können. Sowie andererseits solche, die an einem bestimmten Ort leben, den sie nicht verlassen möchten – und die sich die Bewegungsfreiheit der »anywheres«, selbst wenn sie es wollten, auch gar nicht leisten könnten. Die generelle Benachteiligung dieses Teils der Bevölkerung, so Goodhart, habe wesentlich zum Aufschwung der rechtspopulistischen Parteien in den letzten Jahren beigetragen.[124]

Feine Sahne Fischfilet gehören nun ganz klar zu den »somewheres«, sie sind verwurzelt und heimattreu. Das heißt in ihrem Fall aber nicht, dass sie als »somewheres« auch automatisch »wie Trump, wie Le Pen, wie Strache, wie Orban, wie Salvini« denken müssen – wie es Alexander Gaulands intellektueller Sekundant Götz Kubitschek in einem Kommentar zu dessen Thesen insinuiert[125]. »Wir lieben unsere Heimat, wir lieben das Meer, wir lieben die Menschen – na ja, zumindest viele von ihnen«, sagt Jan

Gorkow. Gerade weil sie die Schönheit ihrer Heimat so lieben, wollen sie diese mit möglichst vielen verschiedenen Menschen teilen – was wiederum die »Faschobratzen«, wie Gorkow sie nennt, zu verhindern versuchen.

Auch Feine Sahne Fischfilet sehen ihre Heimat bedroht – allerdings nicht von »Gutmenschen und Moralaposteln«, wie es bei Frei.Wild heißt, oder von »Kritikern«, die jeden »Patriotismus« gleich unter Nazi-Verdacht stellen; sondern vielmehr von echten »Nazis«, »Faschos« und einem »Rassistenpack«, die das friedliche Zusammenleben der Menschen in der Heimat unmöglich machen. »Sollte ich alt werden, dann werde ich hier alt«, sagt Jan Gorkow im Interview mit Spiegel Online: »Das heißt dann aber auch, ganz egoistisch gedacht, dass ich es hier lebenswert haben will, falls ich mal Kinder haben will. Und dass ich 'ne ganze Menge Freunde habe, die von diesem Rechtsruck betroffen sind. Vielleicht, weil sie schwul sind, vielleicht, weil sie für manche Leute nicht als deutsch gelten. Wenn die mir erzählen, dass sie nicht mehr gerne Straßenbahn fahren, dann halte ich das nicht für lebenswert.«[126] Dem »Rechtsruck« und dem grassierenden Rassismus im Land muss man sich nach Ansicht der Band schon deswegen entgegenstellen, weil die Heimat sonst – wie sie im Lied »Für diese eine Nacht« singen – noch weiter zu veröden droht: »Alle um mich herum / ziehen weiter um / ich krieg hier langsam Angst allein zu sein / ich kann euch gut verstehn / Habt ihr Angst vorm in die Zukunft sehen? / Was bleibt, wenn immer nur die Guten gehen?«

»Seit wir Musik machen«, sagt Jan Gorkow in einem Gespräch, das ich im Januar 2018 mit ihm für DIE ZEIT führe, »werden wir beschimpft, bedroht, angegriffen. Es gab Buttersäure-Anschläge auf unseren Proberaum und auf mehrere Klubs, in denen wir auftreten wollten; immer wieder wurden Konzerte abgesagt, weil die Veranstalter zu viel Angst vor Überfällen hatten. Eines Tages prangte mein Gesicht mit gespaltenem Schädel auf tausenden von Aufklebern, die Nazis gedruckt und verteilt hatten; vor einer Weile hat jemand eine Axt in meine Motorhaube gehauen.«[127] Am Anfang ihres politischen Engagements, sagt im selben Gespräch der Schlagzeuger der Gruppe, Olaf Ney, habe das Gefühl gestanden, dass man immer einsamer wurde in einer Gesellschaft, in der die Rassisten die Oberhand gewinnen und die staatlichen Organe nicht nur nichts dagegen tun, sondern sich sogar auf die Seite der Nazis stellen. Eines der ersten Stücke der Band, »Staatsgewalt« aus dem Jahr 2009, schildert denn auch die Ohnmachtserfahrung eines Demonstranten, der von einem Polizeiaufgebot eingekesselt und verprügelt wird. »Blutiges Gesicht, / aufstehn kann ich nicht / ich kann mich nicht bewegen / dafür komm ich vors Gericht«, singt Jan Gorkow. Als er sich gegen die schlagenden Staatsvertreter wehrt, wird er verhaftet und unter Anklage gestellt: »Staatsgewalt! / Ich sitze im Gericht / und ich weiß nicht warum«. Dann schlägt die Wut in eine Rachefantasie um: »Wir stellen uns in einem Trupp zusammen / und schicken den Mob dann auf euch rauf! / Die Bullenhelme, die sollen fliegen / Eure Knüppel kriegt ihr in die Fresse rein!«

Unter anderem wegen dieses Liedes geraten Feine Sahne Fischfilet unter die Beobachtung des mecklenburg-vorpommerschen Verfassungsschutzes, von 2011 bis 2014 tauchen sie viermal in seinem Jahresbericht auf. »In ihren Liedtexten verbreitet FSF nicht nur ein Lebensgefühl, sondern bedient auch linksextremistische Inhalte«, heißt es etwa im Verfassungsschutzbericht 2012. »Das im Oktober 2012 veröffentlichte Album [»Scheitern und Verstehen«, Anm. d. Autors] beinhaltet dabei Passagen wie: ›Nazis morden weiter und der Staat schiebt fleißig ab. Es ist und bleibt schlussendlich das gleiche Rassistenpack!‹ und ›Deutschland ist scheiße – Deutschland ist Dreck! Gib mir ein »like« gegen Deutschland! (…) Deutschland verrecke das wäre wunderbar!‹, welche klar die grundlegende Ablehnung des Staates einschließlich seiner freiheitlichen demokratischen Grundwerte erkennen lassen.«[128]

Den Musikern selber kommen Zeilen wie diese nach eigener Auskunft inzwischen »unangenehm pubertär und radikalinskihaft« vor, die entsprechenden Songs spielen sie schon lange nicht mehr auf ihren Konzerten. »Sowas würden wir heute nicht mehr singen«, sagt Olaf Ney in unserem Gespräch, »aber trotzdem ist das schon irre, dass wir wegen sowas zwei ganze Seiten in dem Bericht bekommen haben, mehr als alle Nazi-Bands im Lande zusammen, und im ersten Jahr auch mehr als der NSU«, eine Beobachtung, die sich, wenn man die entsprechenden

Verfassungsschutzberichte aus den Jahren 2011 und 2012 studiert, als zutreffend erweist. In den folgenden Jahren wird die Band jedenfalls wie eine Versammlung ernstzunehmender Staatsfeinde observiert. An Jan Gorkows Auto wird ein Peilsender angebracht und bleibt dort über mehrere Jahre hinweg kleben – wie der Verfassungsschutz ihn nach Einstellung des Vorgangs 2014 in einem lapidaren Brief informiert. »Da kann man schon paranoid werden«, sagt Gorkow.

Andererseits hat ihre Karriere davon auch profitiert. Ähnlich wie ihre Pendants auf der anderen Seite des politischen Spektrums, die sich wie Frei.Wild und Andreas Gabalier als Opfer eines linken Gesinnungsterrors inszenieren, nutzen auch Feine Sahne Fischfilet den Widerstand gegen sich zur Profilierung. Als sie 2012 zum zweiten Mal im Verfassungsschutzbericht auftauchen, bedanken sie sich unter reger Medienresonanz mit einem Blumenstrauß; 2013 verklagen sie das Amt mit Erfolg, weil ihre Erwähnung mit einem nichtlizenzierten Promotion-Foto illustriert worden ist. »Man muss sowas immer volley nehmen«, sagt Jan Gorkow. So wird aus einer kleinen, allenfalls regional populären Ska-Punk-Band durch die Mithilfe staatlicher Institutionen eine landesweit bekannte Größe. Das vierte Album, »Bleiben oder gehen«, das 2015 nach der letzten Verfassungsschutzerwähnung erscheint, rangiert wochenlang in den Hitparaden. Und die Band nutzt die neue Popularität, um ihr politisches Engagement zu intensivieren. Vor den Landtagswahlen im Jahr 2016 lancieren Feine Sahne Fischfilet eine Festivalreihe namens »Noch nicht komplett im Arsch«, der Untertitel lautet »Zusammenhalten gegen den Rechtsruck«. Mit befreundeten Musikern spielen sie in kleinen Dörfern in noch kleineren Gaststätten; der Höhepunkt ist ein Open-Air-Auftritt mit dem hier schon öfter erwähnten Sänger der Toten Hosen, Campino, und dem ebenfalls aus Rostock stammenden Rapper Marteria vor zweitausend Menschen in Anklam.

Und spätestens hier nimmt die Geschichte eine interessante Wendung. Denn nachdem eine staatliche Institution – der mecklenburg-vorpommersche Verfassungsschutz – ihnen durch das eher überzogen erscheinende Mittel der Observation zu unerwarteter Popularität verholfen hat und sie diese nun wiederum dazu nutzen, um ihrer selbstempfundenen Verantwortung für politisches Engagement nachzukommen, werden sie dafür von einer höherrangigen staatlichen Institution ausdrücklich gelobt: und zwar von dem SPD-Politiker Heiko Maas, der im Jahr 2016 gerade das Amt des Bundesjustizministers bekleidet. Nach dem Abschlusskonzert der »Noch nicht komplett im Arsch«-Tour heißt es auf seinem Twitter- und Facebook-Account: »Tolles Zeichen gg Fremdenhass u Rassismus. Danke #Anklam #Campino @marteria @feinesahne! #nochnichtkomplettimarsch«[129].

Es überrascht kaum, dass Maas dafür auf beiden Kanälen einen veritablen Shitstorm erntet; viele erregen sich darüber, dass der Bundesjustizminister einer Band huldigt, die »Gewalt gegen Polizisten« predige und vom Verfassungsschutz beobachtet worden sei[130]. Auch von einigen Parteigenossen wird er dafür kritisiert, ebenso vom innenpolitischen Sprecher der Unionsfraktion im Bundestag, dem CSU-Politiker Stephan Mayer. »Wer unsere Demokratie gegen Extremisten verteidigt, indem er gemeinsame Sache mit anderen Extremisten macht, erweist dieser letztlich einen Bärendienst«, sagt Meyer der AfD-nahen Wochenzeitung Junge Freiheit. »Dass es sich hierbei um eine Musikgruppe handelt, die offenbar ein gestörtes Verhältnis zur Polizei und damit zu unserem Staat insgesamt hat, macht ein gemeinsames Vorgehen besonders fragwürdig.«[131]

Auch auf der nächsten Regierungspressekonferenz ist der Tweet von Maas ein Thema. Eine Sprecherin des Bundesjustizministeriums entgegnet auf Nachfrage jedoch, der Minister selber trage dafür gar keine Verantwortung, sondern vielmehr sein »Social-Media-Team«. Dieses sei »durch zahlreiche positive Berichte in diversen Medien auf das Konzert mehrerer Musiker in Anklam aufmerksam geworden«, habe sich aber »selbstverständlich in keiner Weise jede einzelne Textzeile aller jemals gesungenen Lieder der dort aufgetretenen Musiker zu eigen gemacht. Davon sind wir weit entfernt.«[132] Egal jedoch, von wem diese Zeile nun tatsächlich stammt – Feine Sahne Fischfilet selbst verwahren sich sogleich dagegen, von Heiko Maas gelobt zu werden: »Auch deine #SPD glänzt nur mit Abwesenheit in Regionen wie #Anklam. Hinterher sich schmücken ist immer einfach. #vsabschaffen«, schreiben die Mitglieder der Band auf Twitter[133].

Wir haben es also auch hier mit einer mehrfach in sich verdrehten Ablehnung der Verantwortung für einen politischen Sprechakt zu tun. Feine Sahne Fischfilet lehnen ein Lob ab, für das der vermeintliche Urheber dieses Lobs, Heiko Maas, aber gar keine Verantwortung übernimmt. Weil die politischen Gegner von Maas dieses Lob, das gar nicht ausgesprochen wurde, wiederum für eine Kampagne gegen ihn nutzen, erhöht sich noch einmal schlagartig die Bekanntheit der Band, die aber damit in noch stärkerem Maß in die Lage versetzt wird, sich in ihrer Heimat gegen diejenigen zu engagieren, die sich für das allein berechtigte Sprachrohr der Heimatverbundenheit halten.

Im Jahr 2017 spielen Feine Sahne Fischfilet als Vorgruppe der Toten Hosen erstmals in großen Hallen, ihr Anfang 2018 erschienenes Album »Sturm und Dreck« kommt auf Platz drei der deutschen Charts, die meisten Konzerte der dazugehörigen Tour sind ausverkauft. Auch wenn sie sich in ihrer Heimatregion immer noch wie Ausgestoßene fühlen – allein unter Nazis –, so sind sie ansonsten doch die erfolgreichste junge Rockband im Lande. Im September 2018 nehmen sie an dem »#wirsindmehr«-Festival in Chemnitz teil, bei dem nach den rassistischen Ausschreitungen in der Stadt linksorientierte Künstler und Künstlerinnen wie Kraftklub, K.I.Z., Casper, Marteria und wiederum Die Toten Hosen dafür demonstrieren wollen, dass die »Faschobratzen« im Land nicht die Mehrheit stellen. Über

65 000 Menschen kommen zu dem Konzert; Bundesprä-
sident Frank-Walter Steinmeier lobt das Engagement der
Musiker und Musikerinnen gegen den Rassismus – woraufhin sich die Vorgänge um den Tweet von Heiko Maas
wiederholen: Denn einerseits hat Steinmeier sich auf diese Weise in den Augen vieler zum Sympathisanten einer
»staatsfeindlichen« und »zur Gewalt gegen Polizisten auf-
rufenden« Gruppe gemacht, wie etwa auch der Chef der
Deutschen Polizeigewerkschaft, Rainer Wendt, gegenüber
der Wochenzeitung Junge Freiheit kritisiert.[134] Andererseits bringt Steinmeier damit Feine Sahne Fischfilet in die
für sie selber auch eher unwillkommene Lage, nunmehr
als Vertreter eines von höchster Stelle staatlich sanktio-
nierten Antifaschismus zu firmieren – eine Entwicklung,
die wiederum konservative Leitartikler wie Ulf Poschardt
von der WELT dazu nutzen, sie als angepasste Spießer und
mithin als das »Ende des Punk« zu kritisieren.[135] Aus der
Perspektive von Poschardt verrate jeder Musiker, der sich
in politisch engagierter und also verantwortlicher Weise
positioniert, die künstlerische Pflicht zur Produktion von
Ambivalenzen und also zur kalkulierten Verantwortungslosigkeit.

Im November 2018 sollen Feine Sahne Fischfilet ein
Konzert im Bauhaus Dessau geben, auf Einladung des
Zweiten Deutschen Fernsehens, das dort eine Folge sei-
ner Live-Musik-Reihe »zdf@bauhaus« aufzeichnen will.
Gegen dieses Vorhaben formiert sich einige Wochen vor
dem geplanten Termin ein parteiübergreifender Protest

von CDU und AfD. Der aus Dessau kommende AfD-Bundestagsabgeordnete Andreas Mrosek erklärt: »Es ist ein Skandal, dass ein von Zwangsabgaben finanzierter und zur Ausgewogenheit verpflichteter öffentlich-rechtlicher Sender einer linksextremistischen Band ein solches Forum bietet. Dadurch wird wieder einmal deutlich, dass die bundesdeutschen Medienschaffenden zumeist selbst knietief im roten Sumpf stehen, wenn sie mit solchen Texten und dahinterstehenden Ideologien ganz offen sympathisieren.«[136] Der AfD-Landtagsabgeordnete Marcus Spiegelberg formuliert es noch drastischer: »Kein linksextremes Schandkonzert im Kulturland Sachsen-Anhalt.«[137] Aber auch der CDU-Politiker Sven Schulze nennt die Einladung »nicht akzeptabel«, wie er auf Twitter schreibt: »Dieses Konzert muss abgesagt werden!«[138] Schließlich fordert der Vorsitzende des Dessauer Bauhaus-Stiftungsrats und Chef der sachsen-anhaltinischen Staatskanzlei, der CDU-Politiker Rainer Robra, die Intendantin Claudia Perren zur Absage des Konzertes auf. Diese kommt seiner Anweisung nach und begründet dies in einer Pressemitteilung allerdings nicht mit der Musik, den Texten oder der politischen Gesinnung von Feine Sahne Fischfilet, sondern damit, »dass sich rechte Gruppierungen aus dem regionalen Umfeld gegen den Auftritt der Band am Bauhaus Dessau mobilisieren«, wie man »unmittelbar nach der Veröffentlichung dieses Konzertes und des Vorverkaufes (…) in den sozialen Medien beobachten konnte«.[139]

Diese Entscheidung wird umgehend scharf kritisiert –

und zwar wiederum von einer CDU-Politikerin, der Kultur-staatsministerin Monika Grütters. Es dürfe »niemals der Eindruck entstehen, dass der Druck der rechtsextremistischen Szene ausreicht, ein Konzert zu verhindern«, sagt sie der Deutschen Presse-Agentur. Die Kunstfreiheit genieße in Deutschland hohen Verfassungsrang. Dieser Stellenwert sei die Lehre aus der deutschen Geschichte mit dem Angriff auf die Demokratie von rechten und linken Antidemokraten. Die Verantwortung der Künstler zur Verteidigung dieser Freiheit sei unverzichtbar, so Grütters.[140]

Man kann nun freilich auch die Ansicht vertreten, dass die Kunstfreiheit hier in keiner Weise gefährdet wird, weil Feine Sahne Fischfilet ja überall sonst jederzeit auftreten können. Diese Haltung formuliert der Stiftungsratsvorsitzende Rainer Robra in einem Gespräch mit der ZEIT: »Man kann aus guten Gründen zu der Entscheidung kommen, dass der Auftritt einer linksradikalen Band der falsche Auftritt zum falschen Zeitpunkt am falschen Ort gewesen wäre«, sagt er. Und: »Es ist auch das gute Recht einer Intendantin, einmal zu sagen: Diese Band passt uns gerade nicht. Die Kunstfreiheit erschöpft sich nicht darin, jeder Band einen Auftritt ermöglichen zu müssen.«[141] Damit hat Robra grundsätzlich recht; ähnliche Argumente brachten jene vor, die sich etwa gegen die Verleihung des Echo an Kollegah und Farid Bang oder gegen die Auszeichnung von Andreas Gabalier mit dem Karl-Valentin-Orden ausgesprochen hatten. Hier wie dort geht es zunächst nicht um Zensur oder die Einschränkung von Freiheit – sondern lediglich um die Frage, ob einem bestimmten Künstler oder einer bestimmten Band eine besondere öffentliche Ehrung zuteilwerden soll, und als diese kann man auch die Einladung ans Bauhaus und in die Sendung eines öffentlich-rechtlichen Fernsehprogramms verstehen.

Gleichwohl lässt sich verlangen, dass die mit der Absage verbundene Entscheidung etwas genauer begründet wird, als es hier der Fall ist. Wie der Stiftungsratsvorsitzende Robra zu der Einschätzung gelangt, dass es sich bei Feine Sahne Fischfilet um eine »linksradikale Band« handelt, wird von ihm nicht erläutert. Als »linksradikal« oder »linksextrem« gilt nach Definition des Amtes für Verfassungsschutz jeder, der »die bestehende Staats- und Gesellschaftsordnung« überwinden und stattdessen »ein herrschaftsfreies oder kommunistisches System« errichten möchte.[142] Im musikalischen Werk von Feine Sahne Fischfilet finden sich keine Hinweise auf eine anarchistische oder kommunistische Gesinnung; es wurde auch in der Debatte um die Ausladung vom Bauhaus immer wieder nur auf die bereits erwähnten Zeilen Bezug genommen, mit denen die Band zu »Gewalt gegen Polizisten« aufrufe.

Auch diese Deutung kann man in Zweifel ziehen. Jedenfalls wenn man die Zeilen im Zusammenhang des gesamten Liedtextes betrachtet, in dem sie eben nicht als Aufruf zur Gewalt erscheinen, sondern als eine Rachefantasie, die aus dem Umschlag eines Ohnmachtsgefühls entsteht – wobei dieses wiederum aus der Tatsache resultiert, dass die Polizeimacht im Staat nach Ansicht der Band nicht politisch neutral ist, sondern auf der Seite der Rassisten und Rechtspopulisten steht, wie Jan Gorkow in Interviews und öffentlichen Stellungnahmen wiederholt erläutert hat. Für den Befund der Parteilichkeit vieler Polizisten und ihrer Sympathie mit rechtspopulistischen Positionen gibt es fraglos Belege; andererseits kleidet die Band ihre Kritik an dieser Parteilichkeit in eine Rhetorik, in der es eben nicht mehr um einzelne, manche oder viele Polizisten geht, sondern um alle – in der die Polizei als solche zum Gegner wird, gegen den jedes Mittel recht ist, auch das der Gewalt.

Diese Pauschalisierung kann man als verantwortungslos und diskriminierend empfinden oder als provokante Zuspitzung, die von der Meinungs- und Kunstfreiheit gedeckt ist. Letztere Haltung findet man bei »linken« und »liberalen« Kritikern, die angesichts der verantwortungsvollen Betätigung der Band gegen Rassismus und Diskriminierung über solche »Jugendsünden« gern hinwegsehen möchten – und die sich ihrerseits fragen lassen müssen, ob sie es sich in diesem Fall nicht zu einfach machen, bloß weil ihnen die politische Gesinnung von Feine Sahne Fischfilet nähersteht als jene von, sagen wir einmal, Andreas Gabalier.

Nicht weniger bigott ist freilich die Reaktion auf der Seite der rechten und rechtspopulistischen Kommentatoren – also dort, wo man ansonsten nicht müde wird, sich über »linke Sprechverbote« und den »Terror der politischen Korrektheit« gegen das »freie Denken« zu beklagen. Bei Feine Sahne Fischfilet wird hingegen laut und beherzt nach Boykott und Ächtung gerufen; man könnte also sagen, dass wir es in diesem Fall mit einer politischen Korrektheit von rechts zu tun haben.

Dass die entsprechenden Zeilen eine Fantasie und keinen Aufruf darstellen – dass sie also »nicht so gemeint« sein könnten, wie sie beim flüchtigen Hören wirken –, wird von den rechten und rechtspopulistischen Kommentatoren dabei nicht einmal ansatzweise in Erwägung gezogen. Das entspringt einerseits natürlich politischem Kalkül – lässt sich eine wegen ihres antirassistischen Engagements unbequeme Band auf diese Weise doch hervorragend stigmatisieren. Es könnte andererseits auch einen strukturellen Grund geben: Zeigt sich hier nicht vielleicht eine generelle Verkehrung von Ästhetik und Politik auf Seiten des rechten Populismus?

Zu dessen typischen Mustern der politischen Rhetorik zählt der strategische Gebrauch von Ambivalenzen, das Wechselspiel aus Provokation und Relativierung: Man sagt etwas, über das sich alle aufregen, und behauptet hinterher, es sei »alles nicht so gemeint« gewesen. Dieses Muster aber stammt seinerseits aus dem Feld des Ästhetischen. Die Kunst lehrt uns, dass nichts ist, wie es scheint, dass die Wahrheiten dazwischenliegen, vom Betrachter abhängen, relativ sind. Die Kunst spitzt zu und provoziert, um dies zu verdeutlichen; im Kern des ästhetischen Eigensinns findet sich eine Legitimierung der Ambivalenz als solcher. Ob ein Lied wie »Staatsgewalt« genug ästhetischen Eigensinn aufweist, um diese Legitimierung für sich in Anspruch nehmen zu können, lässt sich – ähnlich wie bei den Provokationen und Grenzüberschreitungen von Kollegah, Farid Bang und Andreas Gabalier – mit Gründen bezweifeln oder bejahen. Aber jedenfalls ist es eine Frage, die man diskutieren kann und – im Fall der beschriebenen Debatte um den Bauhaus-Auftritt – auch muss. Von den Vertretern der Neuen Rechten wird aber schon die Erwägung von Ambivalenz in der Kunst konstitutiv ausgeschlossen; das kann man an ihren Reaktionen auf Feine Sahne Fischfilet ebenso ablesen wie an den popkulturellen Diskursen der Alt-Right und der Identitären Bewegung, von denen im folgenden Kapitel die Rede sein wird. So wie die Neue Rechte – um ein Wort Walter Benjamins abzuwandeln – die Politik zu ästhetisieren versucht, so will sie die Kunst zugleich politisieren und also einem Prozess der An-Ästhetisierung unterziehen.[143] So wie es ihr Geschäft ist, die Politik mit kalkulierten Mehrdeutigkeiten zu durchsetzen, so sieht sie in der Kunst nur noch ein Medium zur Verbreitung eindeutiger politischer Botschaften. Die kulturelle Hoheit über die Ambivalenzproduktion beansprucht die Neue Rechte ausschließlich für ihre politische Praxis und Ideologie. Das führt freilich dazu, dass sie als politische Bewegung fast völlig ohne kulturellen Überbau dasteht.

8. Weiße Reinheit?

Warum die Neue Rechte eine Popkultur ohne Popmusik ist

Es lassen sich also diverse Bezüge zwischen der Popmusik der Gegenwart und den politischen Strategien des Populismus aufzeigen. Dennoch bekennt sich bislang kaum ein Popmusiker oder eine Popmusikerin ausdrücklich zu den Zielen der populistischen Parteien oder zur Weltanschauung und Ideologie der Neuen Rechten. Auch wenn man etwa im Maskulinismus von Frei.Wild, in ihrem exklusiven und essenzialistischen Heimatbegriff und in ihrer Verschränkung von Aggression und Selbstviktimisierung deutliche Parallelen zur Rhetorik der Neuen Rechten erkennen kann – so hat sich die Band zugleich energisch von »AfD, Pegida & Co.« distanziert. »Die Welt ist bunt, und Frei.Wilds Ländereien sind es auch« ist eine Stellungnahme betitelt, die die Band im Frühjahr 2015 auf ihrer Internetseite veröffentlicht.

»Es gibt Menschen, die wir mehr und mehr und stolzer als bisher als unsere Fans und großartige Menschen bezeichnen«, bekennen sie dort: »Es sind diejenigen, die für Menschlichkeit und Zivilcourage einstehen, die unsere Gedanken teilen, und die sich Tag für Tag für Nächstenliebe und Mitgefühl einsetzen und sich verdammt noch mal vehement und entschlossen gegen die Brandstifter und Fremdenhasser stellen. (...) Sie tun das, weil sie es für richtig halten und es absolut notwendig ist, diesen gescheiterten Existenzen aufzuzeigen, dass ihr Hass und ihre Aktionen nicht tolerierbar und auf ewig inakzeptabel sind, egal ob in Italien, Österreich, Deutschland, eben in ganz Europa. Es ist Wurscht, wie sich solche Idioten und Gruppierungen nennen, ganz egal, ob ›Pegida‹, ›AfD‹, ›Keine Asylanten in ...‹ usw.: Ihr seid scheiße, und diese Scheiße werden wir nicht zulassen! Nicht bei uns und nicht mit dieser Band! (...) Freunde, gegen Rassismus zu sein, ist für uns eine Frage des An- und Verstandes.«[144]

Im Lied »Ich bin neu, ich fange an« aus dem im selben Jahr erschienenen Album »Opposition« versetzen sie sich in die Situation eines geflüchteten Menschen, der in ein fremdes Land kommt und sich hier nach Anerkennung sehnt und nach einer neuen Heimat. »Endlich angekommen / alles neu und fremd«, heißt es darin: »Nichts hier wird einfach / weil mich keiner hier kennt / neues Land, neue Wege / werde mich neu definieren / will mein Leben hier leben / will das alles kapieren«. Ein fraglos engagierter, einfühlsamer Liedtext. Im Kontext ihrer extrem wertkonservativen Rhetorik greift dennoch der Vorwurf, Frei.Wild würden, wie sie hier durch diesen Menschen hindurch sprechen, vor allem das Bild eines in ihren Augen idealen Migranten entwerfen: Er will sich integrieren, er »will Teil dieser Welt sein / will nicht am Rande stehen«, er will die Sprache seiner neuen Heimat »lernen, will sie verstehen« – »egal woher, egal wohin / Neues soll kommen, Altes muss bleiben / will mein Leben hier leben / will das Land hier verstehen«.[145]

Das wiederum kann man als paternalistisch kritisieren, ebenso wie sich der Affront gegen die politischen Entäußerungsformen der Neuen Rechten angesichts der in Kapitel sechs dargelegten Neigung von Frei.Wild zu einem auch aggressiv-exkludierend auftretenden Patriotismus als Lippenbekenntnis abtun lässt. Dennoch unterscheiden sich dieser Blick auf geflüchtete Menschen und der damit verbundene Heimatbegriff deutlich von jener rassistischen Ausgrenzung, die etwa in Deutschland zum weltanschaulichen Kern von AfD, Pegida und der Identitären Bewegung geworden ist. Mit Frei.Wild weigert sich mithin gerade jene massenbegeisternde Band, die den Neuen Rechten am nächsten zu stehen scheint, zu deren musikalischem Sprachrohr zu werden.

Das ist interessant, weil es kein Einzelfall ist: Die populistische Wende im neueren Pop hat sich bislang gerade nicht darin niedergeschlagen, dass sich Musikerinnen oder Musiker in nennenswertem Umfang zu den politischen Organisationen der Neuen Rechten bekennen würden. Frei.Wild tun dies ebenso wenig wie Kollegah und Farid Bang, obwohl deren antisemitische Grundeinstellung

ebenso gut zum Parteiprogramm der AfD passen könnte
wie ihr Sexismus und ihre Misogynie (freilich würde eine
Allianz auch durch den Umstand erschwert, dass Kollegah
und Farid Bang sich zum muslimischen Glauben bekennen, was sich wiederum nicht mit den antiislamischen
Zügen der AfD verträgt). Andreas Gabalier hat zwar bei
verschiedenen Gelegenheiten, etwa nach der Verleihung
des österreichischen Musikpreises Amadeus im Jahr 2017,
eine im Kulturbetrieb angeblich vorherrschende »linksradikale Hetze gegen die FPÖ« beklagt[146] und die anhal-
tenden Sympathiebekundungen des FPÖ-Vorsitzenden
Heinz-Christian Strache zu keiner Zeit zurückgewiesen;
doch hat er es zugleich stets vermieden, sich von dessen
Partei politisch einspannen zu lassen.

Der einzige deutsche Popmusiker von höherem Be-
kanntheitsgrad, der mehrfach Sympathien für die hiesi-
gen Rechtspopulisten bekundet hat, ist Bushido. Schon vor
der Bundestagswahl 2013 bekundete er via Twitter, dass er
die AfD wählen werde.[147] Damals beschränkte sich deren
Programm freilich noch auf die Absicht, den Euro bis zum
Jahr 2020 abzuschaffen und stattdessen wieder die D-Mark
einzuführen. In den Internet-Foren der Bushido-Anhänger
wurde seine Empfehlung daraufhin intensiv hinterfragt:
»AfD, was heißtn das?« – »Alter fick Dich!« – »Die sind
doch voll Schrott.« – »Immerhin keine Pädophilen!« Vor
den Wahlen zum Berliner Senat im Jahr 2016 wiederholte
Bushido seine Empfehlung, obwohl oder weil die AfD bereits im Wesentlichen ihre heutige Gestalt angenommen

hatte. In einem Videoclip sagte er zu dem befreundeten Rapper Ali Bumaye, der sich für eine korrekte Behandlung der damals gerade in Berlin angekommenen Flüchtlinge ausspricht: »Scheiß drauf, ich wähle trotzdem AfD, Alter!« Woraufhin Ali Bumaye fragte: »AfD? Das ist doch diese Hurensohn-Nazi-Partei, oder? Die willst du wählen?« Und Bushido: »Hahaha. Ja. Einfach so, Alter!«

Die Berliner AfD war begeistert und lud den Rapper sogleich zu ihrer Wahlparty ein. »Bushido ist die gelebte Provokation in der Rap-Szene«, sagte der örtliche Partei-pressesprecher Ronald Gläser, »wir sind die fleischgewordene Provokation auf der politischen Bühne. Das passt gut zusammen.« Auf der Wahlparty tauchte Bushido dennoch nicht auf, und in späteren Stellungnahmen distanzierte er sich – in der ihm und seinen Gangsta-Rap-Kollegen eigenen Weise – von der Ernsthaftigkeit und Eindeutigkeit seiner Aussagen. Was vielleicht schon einen Teil zur Beantwortung der Frage beiträgt, warum zwischen Popmusikern wie ihm und den politischen Organisationen der Neuen Rechten trotz aller weltanschaulichen Nähe keine echten Allianzen entstehen: weil das provokatorische Spiel mit der Nichteindeutigkeit für die Selbstinszenierung von Typen wie Bushido so wesentlich ist, dass sich für sie das Bekenntnis zu jeder Art von politischen Positionen verbietet – auch zu solchen, die ihrerseits das Spiel mit der Ambivalenz zur Durchsetzung einer Agenda benutzen, die der Weltanschauung von Bushido (oder auch von Kollegah und Farid Bang) entspricht. Denn sobald man sich zu einer bestimmten politischen Haltung bekennt, muss man für dieses Bekenntnis ja auch Verantwortung übernehmen. Wer generell alles nicht so meint, wie er es sagt, um für die von ihm ausgesandten Botschaften keine Verantwortung zu übernehmen – der kann sich nicht einmal zu einer Partei bekennen, die ihrerseits alles nicht so meint, wie sie es sagt: infiniter Regress der Ambivalenzproduktion, unendlicher Taumel der Signfikanten. Oder um es noch mal mit Bushido zu formulieren: »Hahaha. Ja. Einfach so, Alter!«

Nicht nur in Deutschland ist es schwierig, so etwas wie »die Musik der Neuen Rechten« zu finden. Auch in den USA, wo die »Alt-Right« schon auf eine längere Geschichte zurückblicken kann und mit Donald Trump bei den Präsidentschaftswahlen im November 2016 einen sympathisierenden Kandidaten ins Weiße Haus hievte, umgibt diese Bewegung eine eigentümliche Stille. Einen ersten überaus deutlichen Ausdruck fand dieser Umstand schon bei Trumps Inaugurationsfeier im Januar 2017. Während sich bei der Amtsübernahme seines Vorgängers Barack Obama im Januar 2009 wesentliche Teile der popkulturellen Prominenz ein Stelldichein gegeben hatten – von Beyoncé und Jay Z über James Taylor bis zu Aretha Franklin –, hatte Trump große Mühe, überhaupt jemanden zu finden, der bei ihm auftreten wollte; letztlich blieb es bei ein paar mäßig bedeutsamen Rock- und Country-Acts wie 3 Doors Down und Toby Keith.

Seither hat die Alt-Right-Bewegung wiederholt versucht, populäre Musiker und Musikerinnen zu ihren Galionsfiguren zu erklären. Die Popsängerin Taylor Swift zum Beispiel, die schon vor dem Wahlerfolg von Donald Trump auf der rechtsradikalen Webseite »Daily Stormer« als »arische Göttin« verherrlicht wurde: weil sie blond und blauäugig ist; weil sie ihre Karriere im Genre der bei politisch rechts stehenden Menschen besonders beliebten Country Music begonnen hat; weil sie in dem Video zu ihrem 2015 erschienenen Song »Wildest Dreams« als gutgelaunte weiße Kolonialherrin in Afrika posierte und dafür von liberalen Kommentatorinnen und Kommentatoren scharf kritisiert wurde[148]; weil sie – anders als viele andere Popstars – im Wahlkampf 2016 keinerlei Sympathien für eine politische Seite zu erkennen gegeben hatte, nicht für Donald Trump, aber auch nicht für Hillary Clinton oder Bernie Sanders. Deswegen suchten rechte Kommentatoren und Blogger in ihren Texten und Videos längere Zeit eifrig nach versteckten Anspielungen auf eine Pro-Trump-Gesinnung und glaubten sie etwa in dem Song »Look What You Made Me Do« zu finden. Darin singt Taylor Swift unter anderem: »I don't trust nobody and nobody trusts me«, was als lyrische Umschreibung ihrer Geistes- und Seelenverwandtschaft mit Donald Trump interpretiert wurde, aber, wie sich leicht erkennen lässt, auch alles andere bedeuten könnte.

Swift zog es lange Zeit vor, zu der Angelegenheit eisern zu schweigen – bis sie sich im Oktober 2018 vor den »midterm elections« in den USA dann doch erklärte. »Ich glaube an den Kampf für LGBTQ-Rechte und daran, dass jede Art der sexuellen Diskriminierung falsch ist«, schrieb sie auf ihrem Instagram-Account. »Ich glaube, dass der herrschende systematische Rassismus, den wir in diesem Land gegenüber people of color erleben, erschreckend und widerlich ist. Ich werde meine Stimme niemandem geben, der nicht für die Würde aller Menschen in Amerika kämpft, egal welche Hautfarbe und welches Geschlecht sie haben und wen sie lieben.«[149] Unter ihren vorherigen Anhängern von der Alt-Right löste sie damit Zorn und Empörung aus. Swifts Distanzierung von der politischen Position, die sie in Wahrheit niemals eingenommen hatte, wurde als »beispielloser Verrat« bezeichnet; auch wurde gemutmaßt, sie habe ihr Bekenntnis für die Demokraten nur unter Zwang ablegen können[150] oder weil sie darum fürchte, von der linksliberalen Kultur- und Medienindustrie künftig nicht mehr unterstützt zu werden – eine Unterstellung, die fast zeitgleich in Deutschland gegen Taylors Swifts hiesiges Pendant, Helene Fischer, vorgebracht wurde, als sie ihre Sympathie für das antirassistische #wirsindmehr-Festival in Chemnitz bekundete.

Ähnlich erging es Depeche Mode: Auch sie wurden bereits einmal zur »offiziellen Band der Alt-Right« erklärt – und zwar von dem US-amerikanischen Aktivisten Richard Spencer, der den Begriff der »Alternative Right« zwar nicht erfunden, aber mit seinem gleichnamigen, 2013 lancierten Online-Magazin einer breiteren Öffentlichkeit bekannt gemacht hatte. Zu kurzem internationalem Ruhm gelangte Spencer Ende 2016, als er »auf einer den Wahlsieg Trumps feiernden Konferenz den rechten Arm zum ›römischen Gruß‹ erhob und den Anwesenden launig zurief: ›Hail Trump, hail our people, hail victory!‹«, woraufhin seine Gefolgsleute ihm mit »Heil Hitler!« antworteten.[151] Als er im Februar 2017 von einer Reporterin des New York Magazine gefragt wurde, ob er Rockmusik mag, antwortete er: »Depeche Mode is the official band of the alt-right«[152] – was die Band in einer Stellungnahme jedoch umgehend dementierte: »Das ist eine absolut lachhafte Behauptung. Depeche Mode haben keine Verbindung zu Richard Spencer oder zur Alt-Right und unterstützen die Alt-Right-Bewegung in keiner Weise.«[153] Von den in dieser Hinsicht traditionellerweise kreativen Depeche-Mode-Fans wurde Spencer mit Hohn und Spott überzogen. Großer Beliebtheit erfreute sich etwa ein kurzer YouTube-Clip, in dem er von einem linken Demonstranten ins Gesicht geschlagen wird – in einem Loop zu den Beats von Depeche Modes »Just Can't Get Enough«.[154]

Nun wird man aus den Texten von Depeche Mode auch mit größter Erfindungsgabe keine weltanschauliche Nähe zur Alt-Right herauslesen können. Der Grund, aus dem sich Richard Spencer für sie begeistert, ist dennoch nicht rein musikalischer Natur, da er sie doch vor allem als Vertreter einer ethnischen Reinheit im Pop schätzt. Die Musik von Depeche Mode wurzelt im Elektropop und im Industrial; beides sind Stile, die sich nach Spencers Ansicht von allen afroamerikanischen Traditionen der Popmusik emanzipiert haben und darum als Ausdruck von »white supremacy« eignen.[155]

»White Music« mit ethnischer Reinheit: So könnte man denn auch das künstlerische Konzept der wenigen, anonym arbeitenden Elektropop-Produzenten bezeichnen, die sich in den USA ausdrücklich zur Unterstützung der Neuen Rechten bekennen. Ihre musikalischen Stile bezeichnen sie als »Trumpwave« und »Fashwave«; im Wesentlichen werden hier minimalistische Rhythmen mit 8-Bit-Sounds verbunden, also mit Klängen, die aus der Frühzeit der Computerspiele in den späten siebziger und achtziger Jahren kommen. Ein unbestimmter Futurismus findet sich hier ebenso wie eine nostalgische Sehnsucht nach früheren Epochen der technischen und musikalischen Evolution; so werden die achtziger Jahre »als nostalgische Erinnerung an den letzten Moment eines noch erkennbaren ›weißen Amerikas‹« evoziert.[156]

Die bekanntesten Musiker des Fashwave (»Fash« steht hier unverblümt für »faschistisch«) heißen Xurious, Cyber Nazi und Storm Cloak; ihre Songs tragen Titel wie »Right Wing Death Squads« und »Galactic Lebensraum« (Cyber Nazi) oder »Demographic Decline« und »Identity Evropa« (Xurious). Die Stücke, die unter dem Rubrum Trumpwave – meist ohne Künstlernennung – veröffentlicht werden, haben entweder vorhersehbare plakative Titel (»Make America Great Again«) oder sind in der Präsidentenverehrung derart überdreht, dass sie wie Parodien ihrer eigenen politischen Gesinnung wirken (»Donald the Eternal«).

So ist die Musik der Alt-Right-Bewegung nicht nur wie die Bewegung selbst im Internet entstanden, sondern auch ebenso ambivalent. Und ihre Verbindung von Politik und Ästhetik, von rein provokativem Zynismus und offensiver, zum Beispiel rassistischer Positionierung, lässt sich gleichermaßen nur schwer entwirren. Das heißt: Wenn sich Trumpwave und Fashwave als Sound der Neuen Rechten deuten lassen, dann mündet der Charakter dieses Aufruhrs nicht in einem deutlich formulierten politischen Programm, sondern vielmehr in einer grundlegenden Verwirrung der Kategorien von politischem Ernst und Ironie, von programmatischen Provokationen und der reinen Lust an der Zerstörung althergebrachter Traditionen und Werte. Insofern spiegelt diese Musik tatsächlich die Politik von Donald Trump und ihre Verflechtungen mit der Alt-Right-Ideologie wider. Große Publikumsmassen erreicht sie – anders als Donald Trump selber – allerdings nicht. Tatsächlich kommen vom erfolgreichsten Künstler des Genres, Xurious, nur wenige Tracks über 100 000 YouTube-Klicks. Zudem spielen die anonymen Trump- und Fashwaver keine Konzerte oder DJ-Sets. Das Internet bleibt ihre einzige Infrastruktur.

Auch in Europa ist die Popmusik der Neuen Rechten über einen marginalen Status bisher nicht hinausgelangt. Das gilt selbst für Frankreich, wo die europäische Variante der Alt-Right, die »Génération Identitaire«, schon auf eine fast zwanzigjährige Geschichte zurückblicken kann. Deren bekannteste Popstars sind Les Brigandes, ein Frauenquintett, das im Sommer 2017 mit dem Stück »Merkel dégage! / Merkel muss weg« eine Art Szenehit landete.[157] Wie man am Titel schon merkt, operieren die Stücke von Les Brigandes näher als jene ihrer US-Pendants an tagespolitischen Parolen und Themen sowie parteipolitischen Programmen. Ihr Albumdebüt aus dem Jahr 2014 trug den Titel »Le Grand Remplacement« – nach dem gleichnamigen Titel einer zentralen programmatischen Schrift der Identitären Bewegung gegen die angebliche Masseneinwanderung nach Europa und die Islamisierung der westlichen Gesellschaften, geschrieben von Renaud Camus im Jahr 2011.[158] Zu trauriger Berühmtheit gelangte das Buch zuletzt im März 2019, als der australische Rechtsextremist Brendon Tarrant, der bei einem Attentat auf zwei Moscheen im neuseeländischen Christchurch 50 Menschen ermordete, sein dazu im Internet veröffentlichtes Pamphlet mit »The Great Exchange« betitelte und sich auch im Text auf die Thesen von Camus bezog.[159]

Bei Les Brigandes verbindet sich diese Art der radikalen Rhetorik mit einer sonderbar »camp«-haft wirkenden Ästhetik; es ist generell nicht unmittelbar zu erkennen, wo die Grenze zwischen Ironie, Zynismus und ernsthafter Botschaft verläuft. Mit billigen Orgelbeats, Wave-Gitarren und eckigem Gesang klingen sie wie eine Mischung aus Kabarett, Chanson und New Wave, in ihren Videos tragen sie bieder-luftige Kleider und dazu Ledermasken über den Augen, als wollten sie sogleich auf eine BDSM-Party gehen. In dem Video zu »Merkel dégage! / Merkel muss weg« werden sie von karikaturhaften Muslimen bedrängt, während sie wie verängstigte Kinder durch die leeren Gassen eines mittelalterlichen Städtchens hüpfen – voller Angst, hinter jedem Hauseingang könnte ein grimmiger Immigrant lauern, der nur auf die Gelegenheit zu einer Vergewaltigung wartet.

Wie die Künstler von Trumpwave und Fashwave wollen auch Les Brigandes anonym bleiben; auch sie geben fast überhaupt keine Konzerte; auch bei ihnen ist die Grenze zwischen Ernst und Fake unscharf und fluktuierend: Wer ohne weitere Vorkenntnisse das »Merkel muss weg«-Video ansieht, kann nicht erkennen, ob es sich um eine ernstgemeinte politische Agitation handelt oder um eine bizarr überdrehte Karikatur.

Was wiederum auch für die musikalischen Vertreter der Neuen Rechten in Deutschland gilt, zum Beispiel für den »identitären Rapper« Komplott aus Halle an der Saale. Mit »Europa« hat er 2016 gewissermaßen die Hymne der Identitären Bewegung in Deutschland und Österreich geschrieben. Darin sorgt er sich in wiederum unfreiwillig komischer Weise zuallererst um den angeblich mangelhaften Denkmalschutz in seiner Heimat: »Ich sehe romanische, gotische, klassizistische Bauten / langsam zerfallen zu 'nem toten abgerissenen Haufen / Europa weint, Europa schreit / nach dem Ende, der Wende.«[160]

Über unambitionierten Gangsta-Rap-Beats rappt Komplott von der Bedrohung durch Überfremdung, er beklagt sich über »No-Go-Areas« für Deutsche und beschwört den

revolutionären Aufbruch: »Es ist an der Zeit zum Verteidigen des Eigenen / macht euch bereit.« Anders als bei
den Vertretern von Trumpwave und Fashwave finden sich
bei ihm keinerlei Science-Fiction- oder Zukunftsbezüge;
worin sich die ideologischen Unterschiede zwischen den
beiden Rechts-Strömungen widerspiegeln: Während sich
die Neuen Rechten in Deutschland angeblich vor allem
um die Bewahrung des kulturellen Erbes sorgen (darum
auch die Betonung des Denkmalschutzes) und ihre in »Eth-
nopluralismus« umbenannten rassistischen Ideologeme
mit der Sehnsucht nach einer Vergangenheit verbinden,
in der die Völker noch klar voneinander getrennt waren,
pflegen die Neuen Rechten in den USA »einen Rassismus,
der aus der Zukunft kommt«, wie es ihr britischer Vordenker Nick Land in seinem einschlägigen Text »Hyper-
racism« aus dem Jahr 2014 formuliert hat. Ihnen geht
es nicht um die Bewahrung einer historisch gegebenen
rassischen Diversität, sondern vielmehr um die Optimie-
rung der Menschheit und ihres Genmaterials, also: um
Eugenik. Darum auch der Hang zu Science-Fiction- und
Cyborg-Ikonografien.

Die Neuen Rechten in Deutschland pflegen hingegen
eher eine Ikonografie der »klassischen« deutschen und
europäischen Kultur; in den Videos von Komplott finden
sich viele Versatzstücke der deutschen Romantik, wie die
Erhabenheit unergründlicher Wälder oder auch kämpfen-
de Germanenheere. Trotz – oder gerade wegen – dieser
konstitutiven Rückwärtsgewandtheit sehen die deutschen

Identitären sich als kulturelle Avantgarde, die das Erbe der in Deutschland bis heute angeblich vorherrschenden 68er-Bewegung angetreten hat. Neuerdings wird diese Selbsteinschätzung auch von vielen liberalen und linken Beobachtern geteilt, zuletzt etwa von dem Autor Thomas Wagner in seiner lesenswerten Studie »Die Angstmacher«. Die Neue Rechte, schreibt Wagner, habe die politischen Provokationsstrategien der 68er gekapert und die Popkultur damit auf ihre Seite gezogen.[161]

Tatsächlich haben sich die Identitären manche Aktionsformen bei den Provokationen der 68er-Bewegung abgeschaut: Bekannt wurden sie in den letzten Jahren vor allem durch ihre sogenannten Interventionen, durch die Störung von »linken« Podiumsdiskussionen und Theateraufführungen. Doch enden die Parallelen mit den 68ern genau dort, wo es um das popkulturelle Fundament geht: Auch hier fehlt schlichtweg die Massenbasis. Zwar läuft die Musik von Komplott bei den Demonstrationen der Identitären regelmäßig aus den Lautsprechern. Doch außerhalb der neuen rechten Jugendkultur gibt es selbst in Deutschland kaum jemanden, der ihren bekanntesten Popstar kennt.

In Deutschland verhält es sich also nicht anders als in Frankreich oder den USA: Wenn die Neue Rechte eine Popkultur sein will – und das heißt: eine kulturelle Erscheinungsform, deren Strahlkraft weit über die Grenzen des politischen Aktionismus hinausgeht –, dann ist sie jedenfalls die erste Popkultur ohne Popmusik. Sie hat keine

Popstars, keine Konzerte, keine Klubs, keinen Soundtrack; ihre »Kultur« beschränkt sich auf die Kultur des Protests, auf das Ventilieren politischer Parolen und Thesen. Das ist doch ein erheblicher Unterschied zum politischen Aufruhr der echten 68er: Dieser wurde von Bob Dylan und Jimi Hendrix orchestriert, von Joni Mitchell, Grateful Dead und den Rolling Stones. In Deutschland gab es den Krautrock und Ton Steine Scherben, später den Punk und die New Wave. Die darauffolgende Emanzipationsbewegung der Schwulen, Lesben und queeren Menschen in den siebziger Jahren hatte Disco, später House und Techno.

Die »neuen 68er« der aktuellen Rechten haben hingegen: nichts. Oder: so gut wie nichts. Mit ein paar im Internet klandestin operierenden Produzenten-Nerds, einem Rapper aus Halle und einem französischen Frauenquintett ist jedenfalls kein neues, rechtes Woodstock zu machen; und auch mit dem Verfassen kultureller Manifeste wird es angesichts dieser kulturellen Ödnis kompliziert. Das kann man in dem Buch »Kontrakultur« studieren, das im Sommer 2017 im Antaios-Verlag erschienen ist, dem führenden Verlag der Neuen Rechten in Deutschland. Der 1988 geborene »Aktivist« Mario Alexander Müller versucht sich darin an einer kulturellen Grundlegung der Neuen Rechten, in alphabetischer Reihenfolge von A wie Gabriele D'Annunzio bis Z wie Zentropa. Die Lieblingsdenker der Konservativen Revolution sind selbstverständlich vertreten, Carl Schmitt, Ernst Jünger und Martin Heidegger.

Auch erfahren wir, dass die Identitären gern maskuline Muskel- und Massaker-Comics wie »300« von Frank Miller lesen und die dazugehörigen Verfilmungen anschauen.

Aber wenn es darum geht, welche Musik die Neuen Rechten in Deutschland nun hören oder zu welchen Beats sie gar tanzen, wird die Auswahl ausgesprochen dünn und die Grenze zum unfreiwillig Komischen wiederum oft überschritten. Als tollste Hymne für die Gegenwart wird beispielsweise ein Soldatenlied aus den 1920er Jahren empfohlen, »einfach, weil es fetzt«;[162] und wenn die jungen Rechten mal tanzen gehen, dann sind »Jägermarsch« und »Sternpolka« die Tänze der Wahl. »Dem gleißenden Stroboskoplicht der Diskos« sei das »lebendige Brauchtum« des Volkstanzes in jedem Fall vorzuziehen.[163] Mit dieser Verachtung der Klubkultur entfällt in Deutschland also selbst noch die von den US-amerikanischen Rechten genutzte Möglichkeit, die eigenen Botschaften mit Hilfe elektronischer Musik unters Volk zu bringen.

An neueren popmusikalischen Stilen akzeptieren die deutschen Identitären, wenn man den Darlegungen in dem »Kontrakultur«-Buch folgt, nur den Neofolk der achtziger Jahre, den Black Metal der Neunziger, den Punkrock der Siebziger und den Hardcore der Straight-Edge-Bewegung, zum Beispiel von der Band Minor Threat.[164] Der Grund dafür ist der gleiche, aus dem Richard Spencer sich für Depeche Mode begeistert: Die Musik wird ausschließlich wegen ihrer »ethnischen Reinheit« favorisiert, weil sie angeblich ausschließlich von weißen Männern gemacht wird und keine Verbindung zur afroamerikanischen Musiktradition besteht.[165] Mindestens im Fall des Punkrock der Siebziger ist das in Wahrheit natürlich Unfug, denn der britische Punk – und insbesondere die in »Kontrakultur« ausdrücklich hervorgehobene Musik von The Clash – ist ohne die Inspiration durch jamaikanischen Reggae und Dub nicht zu denken.

Was vielleicht einen weiteren Teil zur Beantwortung der Frage beiträgt, warum die Neue Rechte so völlig ohne kulturellen Unterbau dasteht. Popkultur ist ihr mentalitätsgeschichtlich prinzipiell fremd, denn sie speist sich wesentlich aus Hybridität. Ohne die grenzenlose Zirkulation von Zeichen und die Vermischung von kulturellen Traditionen ist Pop nicht denkbar; es gibt im Pop nichts Eigenes, was nicht konstitutiv auf ein Anderes verweist. Das gilt natürlich auch für den HipHop, einen genuin afroamerikanischen Stil. In einem Interview mit dem YouTube-Kanal »Jäger und Sammler« wird der identitäre Rapper Komplott denn auch gefragt, ob es nicht ein Widerspruch sei, dass er in einem Genre der Migrantenmusik das Ende aller Migration fordert. Für einen Moment scheint ihm ein Licht aufzugehen: »Stimmt, Rap ist gar nicht besonders deutsch, wenn man so will«, antwortet er.[166]

Auch in dem »Kontrakultur«-Buch kommt Komplott vor: Hier wird seine identitäre Aneignung des HipHop als »Eindringen in eine linke Wohlfühlzone« gelobt[167]: was, wenn es ernst gemeint sein sollte, von einer schon geradezu grotesken Unkenntnis der neueren Popkultur zeugt.

Denn wenn irgendein musikalisches Genre in den vergangenen Jahrzehnten nun gerade keine »linke Wohlfühlzone« war, dann war es – wie man nicht nur am Fall von Kollegah und Farid Bang sehen kann – der HipHop.

So hinterlassen die Vertreter der Neuen Rechten immer dann, wenn sie sich der Popkultur zuwenden, entweder einen zynisch-eklektischen Eindruck (in den USA) oder einen kenntnislosen, verklemmten, randgruppenhaften (in Frankreich und im deutschsprachigen Raum). Aber wie sollte es auch anders sein: Wenn sie das rigide kulturelle Reinheitsgebot ihrer politischen Ideologie in die Popkultur übertragen wollen, müssen sie sich zwangsläufig in ebenso winzige wie irrelevante musikalische Residuen zurückziehen. Wenn in Deutschland die neuen rechten Männer – denn um solche handelt es sich zum überwiegenden Teil – dann auch noch alle neuere Tanzmusik und den Besuch von Klubs ablehnen, bleibt freilich die Frage, wo sie die Frauen kennenlernen wollen, mit denen sie dann jene Familien gründen, deren »Stärkung« und »Bewahrung« ihnen nach eigener Auskunft so sehr am Herzen liegt.

Auf die Wahlerfolge der Rechtspopulisten hat die mangelnde popkulturelle Erdung bis auf weiteres keinen Einfluss. Aber man sollte sich diesen Mangel in Erinnerung rufen, bevor man ein weiteres Mal der Faszination für den vermeintlich avantgardistischen Popdiskurs der Neuen Rechten zu erliegen droht. Wie immer in den letzten Jahrzehnten ist der rechte Pop auch in seiner aktuellen

Inkarnation maskulinistisch und marginal, unsexy und unglamourös. Hier wächst nichts »Eigenes«, Originäres oder gar ästhetisch Interessantes heran. Es ist bloß ein wenig Plunder, um Parolen darin zu betten.

9. Blick in die Freiheit
Pop braucht keine Identitäten

Vielleicht könnte man sich also an dieser Stelle, wenn es um das Verhältnis von Pop und Politik geht, an folgender Gegenüberstellung versuchen: Auf der einen Seite sehen wir eine Art der Kultur, die von der Überschreitung von Grenzen geprägt ist oder auch schlicht vom Desinteresse an diesen; die sowohl Hybridität wie Flexibilität und die Wonnen des unendlichen Werdens feiert; eine Kultur, deren künstlerische Subjekte sich nicht auf vorgegebene Identitäten festlegen lassen wollen, sondern sich selbst als Subjekte »im Fluss« begreifen; eine deterritorialisierte Kultur, die vermeintliche sexuelle, kulturelle und sonstige Letztgültigkeiten überwindet, als fände sich in ihr schon der utopische Aufschein einer wahrhaft grenzenlos gewordenen Welt, wie sie in der politischen Wirklichkeit nicht existiert und auf absehbare Zeit auch nicht existieren wird. Diese Art der populären Kultur könnte man als emanzipatorisch bezeichnen.

Auf der anderen Seite sehen wir eine Art der Kultur,

der es um Identität und Territorialität geht; um die Bewahrung von überkommenen Arten der Subjektivität und Gemeinschaftsbildung; um die Wiederherstellung von traditionellen Formen der sexuellen Verhältnisse, von herkömmlichen Strukturen des Zusammenlebens und der kulturellen Produktion – im Patriarchat beispielsweise oder in der »Nationalkultur«. Diese Art der Kultur könnte man als populistisch bezeichnen: Ihr ist alles verdächtig, was hybrid, »unrein«, riskant, experimentell oder »globalisiert« ist. Sie sucht ihre Utopie eher im Ziehen von Grenzen und in der übersichtlichen Ordnung der Verhältnisse – sei es, was die Ordnung der Geschlechter und des sexuellen Begehrens betrifft; sei es, indem sie sich der Fortführung nationaler, ethnischer oder rassisch definierter Kulturtraditionen verschreibt. Populistische Kultur speist sich, um ein Wort des Soziologen Zygmunt Bauman zu verwenden, aus der Abwehr von allem, was »liquide« oder »fluid« erscheint, und also aus der Abwehr von Modernität[168].

Dieses identitäre Verständnis des Pop findet sich in seiner am deutlichsten ausformulierten Form bei den Vertretern der Neuen Rechten und der Identitären Bewegung, die nach einer Kultur suchen, die männlich, weiß und möglichst frei von allen Arten der Hybridität und der kulturellen Vermischung ist Aber auch die Vertreter des deutschsprachigen Gangsta- und Straßen-Rap wehren sich vehement gegen jede Art der »liquiden Modernität«. Ihnen geht es vor allem um Maskulinität und die aggressive Verteidigung der Ordnung des Patriarchats: Was den weißen Identitären die Rückeroberung der ethnisch formierten Gesellschaft ist, das ist den – wesentlich migrantisch geprägten – Identitäts-Rappern die Rückeroberung der sexuell formierten Gesellschaft. Darin wiederum stecken Figuren wie Bushido, Kollegah und Farid Bang mit den – populistisch strukturierten, aber politisch in dieser Hinsicht nicht expliziten – Volksmusik- und Deutschrock-Vertretern wie Andreas Gabalier und Frei.Wild unter einer Decke. Wobei das Ausmaß der rassistischen Aggression bei den Rappern weit höher ausfällt als bei den populistischen Rockern und Volksmusikanten. Man wird jedenfalls im rechten deutschen Rock-Mainstream keine antimuslimischen Ressentiments finden, die der Vehemenz des Antisemitismus im Rap auch nur annähernd ähneln.

Gegen diese unterschiedlichen, aber ideologisch verschwisterten Arten eines populistisch identitätsfixierten Pop stehen etwa jene Beschwörungen der sexuellen Transgression und des libidinösen Fließens im Sinne von »Patriarchy Over & Out«, wie es bei Planningtorock heißt. Dagegen steht auch ein weiterer Strang der musikalischen Entwicklung, der für den Pop der letzten Jahre wesentlich ist und den man als postglobalisierte Musik oder als Sound der ethnischen und kulturellen Transgressionen bezeichnen könnte. Besonders in der elektronischen Klubmusik der Gegenwart hat sich ein enormer Eklektizismus verbreitet, in dem Stile, Rhythmen und Sounds aus allen nur denkbaren Teilen der Erde ineinander verschmelzen. Eine ganze Generation junger DJs und Produzenten hat sich auf die Suche nach immer neuen Inspirationen, Spielweisen und Klängen rund um den Globus begeben.

Der britische Popkritiker Simon Reynolds hat dafür schon im Jahr 2011 den Begriff der »Xenomania« geprägt: »Nothing Is Foreign in an Internet Age«, heißt der Essay, in dem er seinen Gedanken entwickelt.[169] Seit spätestens Mitte der nuller Jahre hat das Internet und die dadurch erfolgte globale Vernetzung auch ein globales Archiv der Musik erschaffen, das jeder und jedem jederzeit und überall zugänglich ist. Bei vielen Musikerinnen und Musikern hat dies den Impuls freigesetzt, sich an global möglichst entlegenen und in der westlichen Popkultur noch möglichst unbekannten Stilen zu orientieren – in der populistischen Rhetorik würde man diese Künstler vermutlich als Kosmopoliten oder Hipster bezeichnen. So wurden zunächst der Carioca Funk aus Brasilien und der Kwaito House aus Südafrika zu den beliebtesten Genres auf den ambitionierteren Dancefloors der westlichen Metropolen; später der angolanische Kuduro und die Cumbia, die sich in diversen Filiationen aus Zentral- nach Südamerika ausgebreitet hat.

»Die Geschwindigkeit, mit der sich digitale Audiodateien von einem Ort zum anderen bewegen, verwischt die bisherigen Traditionslinien«, schreibt Jace Clayton alias DJ Rupture in seinem Buch »Uproot«. In einer Reihe von Reportagen erzählt er darin aus seinem Leben als unablässig um den Globus reisender DJ, der dabei ebenso unermüdlich neue und unbekannte Klänge sammelt, wie er die Bewegungen und Verwandlungen musikalischer Stile durch virtuelle und physische Räume rekonstruiert.[170] Bis etwa Mitte der zehner Jahre hat sich aus solchen Bewegungen ein genereller Trend zu einem postglobalisierten Eklektizismus herausgebildet. Wer in musikalisch ambitionierten Klubs tanzen geht, trifft dort ganz selbstverständlich auf chinesischstämmige DJs, die brasilianischen Baile Funk Techno mit westafrikanischen Rhythmen verbinden und in den Mix kleine Klangschnipsel aus arabischen oder indonesischen Soap Operas flechten (wie es etwa der DJ Organ Tapes tut); oder auf DJs, Produzenten und Produzentinnen wie Nidia Minaj, Kablam, Whybe und mobilegirl, die aus klitzeklein geschredderten R'n'B- und Mainstream-Pop-Fitzeln sowie Samples aus lateinamerikanischer Musik (Minaj) oder japanischem und südkoreanischem Pop (Whybe und mobilegirl) eine Musik erschaffen, in der sich der Reichtum der globalen Popkultur ebenso widerspiegelt wie die Nervosität einer Zeit, in der sich unablässig alles mit allem vernetzt.

Manche dieser jungen Post-Internet-Pop-Künstlerinnen und -Künstler erklären die Erschaffung einer grenzenlosen Musik ausdrücklich zu einem politischen Statement: wie etwa Chino Amobe, Angel-Ho und Nkisi, die das von ihnen ins Leben gerufene NON Kollektiv als musikalisches Medium einer globalisierten Afrodiaspora verstehen; oder die tunesische DJ und Produzentin Deena Abdelwahed, die klassischen europäischen Elektro-Minimalismus mit nordafrikanischen Klängen durchsetzt. Bei ihr hört man schleifende und schabende Industrialbeats ebenso wie zarte Melodien auf der arabischen Kastenzither Kanun; dazu sampelt sie Fragmente aus politischen Reden des Arabischen Frühlings, oder sie singt mit einer – ähnlich wie bei Planningtorock – sexuell undefinierbar gewordenen Autotune-Stimme Lieder zum Support der queeren Menschen in ihrer Heimat.

Besonders beeindruckte in diesem Zusammenhang ein Konzert der in Berlin lebenden Pianistin, DJ und Produzentin Nene Hatun im Sommer 2017 auf dem Berliner Atonal Festival. Hatun erschafft eine Art technoinspirierter Klubmusik, bei der unter den gattungstypisch geraden Rhythmen eine Vielzahl von sonderbar gegeneinander verfugten und resonierenden Beats mitläuft: ein von flirrenden Bässen umschillertes Geflecht, in dem allein sich schon ganz unterschiedliche Traditionslinien erkennen lassen. Ihr Konzert begann Nene Hatun als Sängerin zu sanfter Pianobegleitung mit wehmütigen, arabisierenden Popmelodien. Dazu trug sie einen Niqab, also einen Gesichtsschleier, der nur die Augen frei lässt – ein sonderbarer Anblick in einem Technoklub, aber auch ein Moment verwirrender Schönheit. Als nach dem Intro schließlich die Beats und die Bässe einsetzten, riss sie sich den Niqab vom Gesicht und tauchte ein in ihr strahlendes Set: So erhielt man ein Gefühl für die Schönheit und zugleich für die Enge der Tradition, aus der die Musik von Nene Hatun stammt; umso mehr freute man sich mit ihr über die plötzliche Geste der Befreiung, mit der sie das Publikum nun mitriss.

Diese neue Musik lässt keine Zweifel offen, dass sich im Pop der letzten Jahre etwas Wesentliches verändert hat: Die Dominanz der westlichen Tradition ist endgültig gebrochen. Die Globalisierung der Sounds ist zur Grundlage einer neuen Weltmusik geworden, bei der man nicht mehr das Gefühl hat, dass man als westlicher oder – noch enger definiert – als deutscher Hörer auf eine exotische Klangsafari geht, weil sie sich mit »unserer« Popkultur auf einer Wellenlänge trifft. Die DJs und Produzenten dieser globalisierten und global dezentrierten Musik sind die perfekte kulturelle Entsprechung zu den – von den Populisten so verhassten – »kosmopolitischen Eliten«; es sind »anywheres«, die unentwegt um den Globus reisen und überall und nirgends zu Hause sind. Ihre kulturelle Heimat ist nicht mehr territorial, durch die Ein- und Abgrenzung bestimmter Traditionen und Stile definiert – sondern vielmehr im Gegenteil deterritorialisiert. In dieser neuen Kultur werden keine bestimmten, eindeutig identifizierbaren Traditionen konserviert, sondern es wird unablässig nach neuen Verbindungen zwischen Traditionen, Stilen und Sounds gesucht. In der Ästhetik der »Xenomania« ist das Prinzip der unbedingten Konnektivität an die Stelle der musikalischen Identifizierbarkeit getreten. »Anything goes«, hätte man in den siebziger und frühen achtziger Jahren gesagt, am Beginn der Epoche, die man damals als Postmoderne bezeichnete – vielleicht ist der Gedanke der

Postmodernität erst in der nun angebrochenen Ära des postglobalisierten Pop ganz zu sich selber gekommen.

Haben wir also in dieser Form einer voll ausgebildeten, postglobalisierten kulturellen Hybridität das perfekte emanzipatorische Gegenbild zum populistischen Identitäts-Pop gefunden? Ganz so einfach ist es nun allerdings auch wieder nicht. Denn die Feier der kulturellen Vermischung und der erhabenen Ortlosigkeit ist zunehmend scharfer Kritik ausgesetzt – und zwar gerade durch Künstlerinnen und Künstler, Kritikerinnen und Kritiker, die sich selber als »links« und »emanzipatorisch« bezeichnen würden. Das musste zum Beispiel die kanadische Produzentin Phoebé Guillemot alias Ramzi im Februar 2019 erfahren. Seit ihren ersten, 2013 erschienenen Aufnahmen hat sie sich an der größtmöglichen Verschränkung der verschiedensten Rhythmen, Sounds und Stile versucht; man begegnet in ihrer Musik westafrikanischen und lateinamerikanischen Arten der Perkussion, aber auch jamaikanischem Dub Reggae und dem schon erwähnten angolanischen Kuduro. Ihre Tracks mischt sie mit der avanciertesten Software; ihre Quellen aber stammen meist aus YouTube-Dateien, die sie an den entlegensten Stellen aus dem Internet fischt[171]: Sie ist gewissermaßen der Inbegriff des kosmopolitischen Internet-Hipsters, ihre Musik versteht sie als »Verschmelzung verschiedener Einflüsse aus der gesamten Welt«, die durch ihre individuelle Produktionsweise »an einen undefinierbaren fremden Ort jenseits aller geopolitischen Grenzen entführt« werden sollen, in eine »vierte Welt«, wie es Guillemot selber ausdrückt.[172]

Im Frühjahr 2019 sollte nun ein neues Album von ihr erscheinen, welches sie gemeinsam mit dem Produzenten Francis Latreille alias Priori unter dem Namen Jumanji produziert hatte. Doch nachdem die ersten Ausschnitte daraus auf der Webseite Soundcloud veröffentlicht worden waren[173], erhob sich im Internet ein enormer Shitstorm gegen das Projekt, angeführt von dem schottischen DJ und Labelbesitzer Barkat Singh alias Bake. Der Stein des Anstoßes: Auf dem Album fanden sich neben diversen Samples aus traditionellem Liedgut aus Indien, Brasilien und Mali auch Zitate aus dem »Vande Mataram«, dem indischen Nationallied, das die Freiheitsbewegung des Landes dereinst als Kampfhymne sang. »Wir sind nicht mehr in Goa, und wir leben nicht mehr in den Neunzigern«, zürnte Barkat Singh auf Twitter und warf Guillemot und Latreille vor, »das indische Nationallied und viele andere Stimmen als Wegwerfmaterial auf einer Tanzmusikplatte« zu missbrauchen.[174] Viele andere Twitter-Nutzer pflichteten ihm umgehend bei und beklagten die »koloniale Ausbeutung der indischen Musik« durch weiße Usurpatoren; lediglich ein einzelner Kommentator fragte nach, ob man dann nicht auch allen nichtafroamerikanischen Menschen die Nutzung des in Detroit entwickelten Techno-Stils verbieten müsste.

Guillemot und Latreille reagierten jedenfalls zügig: Nicht einmal eine Woche nach dem Tweet von Singh gaben sie bekannt, dass sie das gesamte Projekt zurückziehen und das geplante Album nicht veröffentlichen werden. »Unser Projekt war als Ode an die kulturelle Vermischung gedacht, wir wollten eine große Vielzahl von Inspirationen aus verschiedenen Kulturen und Genres harmonisch zusammenbringen«, schrieben sie auf der Webseite ihres Labels Fati Records; doch hätten sie angesichts der Kritik eingesehen, dass das ganze Projekt »fehlgeleitet« war. »Es liegt uns fern, durch den Gebrauch geborgten Materials Menschen aus Kulturen zu erzürnen, denen wir selber nicht angehören – insbesondere, wenn es sich um Kulturen handelt, die das Trauma der Kolonialisierung erleiden mussten. Wir glauben, dass kulturelle Identität und soziale/politische Gleichheit wichtiger sind als die Musik, darum haben wir die Produktion des Albums komplett eingestellt.«[175]

Man mag dies als eher marginalen Fall in der globalen Pop-Produktion bewerten; doch steht er exemplarisch für eine bestimmte Haltung und Nervosität, die sich in der jüngeren Vergangenheit gerade unter »links« oder »emanzipatorisch« auftretenden Künstlern und Künstlerinnen verbreitet hat: Wer in den Verdacht gerät, »cultural appropriation« zu betreiben, also die ausbeutende Aneignung einer Kultur, der man selber nicht angehört, riskiert vehemente Kritik bis hin zu Boykottaufrufen in den sozialen Medien und anderswo. Auch im popmusikalischen Mainstream hat es in den vergangenen Jahren eine Reihe von vergleichbaren Fällen gegeben; dabei ging es in der

Regel weniger um musikalische Zitate und Samples als vielmehr um »approprierende« Arten der künstlerischen Selbstinszenierung. So wurde die weiße Popsängerin Miley Cyrus dafür gerügt, dass sie beim Auftritt in einer Fernsehshow im Jahr 2013 den Tanzstil des Twerking imitierte, der aus der afroamerikanischen Popkultur der Südstaaten stammt[176]. Ihre ebenfalls weiße Kollegin Katy Perry erregte dadurch Unmut, dass sie sich in einem Video mit der afroamerikanisch geprägten Flechtfrisur der Braids stylte – und wenig später dann bei den American Music Awards im Kostüm einer japanischen Geisha auftrat mit dem dazugehörigen geishatypischen Dutt.[177]

Die Frage, wer welche Frisuren tragen darf, hat in den letzten Jahren zu nicht wenigen Kontroversen geführt. Als der Designer Marc Jacobs etwa im Jahr 2016 auf der New Yorker Fashion Week einige Models mit Dreadlocks ausstattete, wollte er nach eigener Auskunft die britische Klubkultur der New-Wave-Zeit zitieren und das Styling des Culture-Club-Sängers Boy George. In den sozialen Medien wurde er jedoch scharf dafür angegriffen, dass er Weiße mit »typischen schwarzen Frisuren« ausstattete. Jacobs verteidigte sich zunächst gegen die Kritik – »ich sehe keine Farbe oder Rasse, ich sehe Menschen«, schrieb er auf Instagram –, um nach einigen Tagen zurückzurudern, in ähnlich kleinlautem Ton wie Ramzi und Priori. Ebenfalls auf Instagram entschuldigte er sich für seinen »Mangel an Sensibilität« und fügte hinzu: »Natürlich, ich ›sehe‹ Farbe, aber ich diskriminiere nicht. Das ist ein Fakt.«[178]

Eine ähnliche Debatte wurde in Deutschland im selben Jahr von der/dem sich als non-binäre Person verstehenden Autor/in Hengameh Yaghoobifarah angestoßen. In einem Artikel im Missy Magazin schilderte Yaghoobifarah die Eindrücke, die er/sie bei dem Techno-Festival Fusion gesammelt hatte, und beklagte sich insbesondere darüber, dass »viele weiße Personen mit Filzhaaren«, »Wursthaaren« oder eben »Dreadlocks« auf dem Festival anzutreffen waren, ein Styling, das Yaghoobifarah einerseits deswegen ablehnte, weil es »eine kolonialrassistische Praxis ist«, sowie andererseits aus dem Grund, dass es »einfach scheiße aussieht«[179]. Und damit nicht genug der geschmacklichen, weltanschaulichen oder ethischen Verirrung: »Neben den Dreadlocks trugen weiße Menschen Kimonos, Kegelhüte, Oberteile mit random chinesischen Zeichen, Bindis, Saris, Federkopfschmuck, Tunnel, Turbane, Sharwals oder einzelne Federn im Haar (…). Warum ist es für so viele Leute so schwierig, ein Outfit zu finden, ohne andere damit anzugreifen? Wie wäre es mit einer Jeans und einem Shirt? Einem Blümchenkleid? Einem karierten Rock? Oder, wenn es dich glücklich macht, einem Einhornkostüm?«[180]

Das heißt: Trägt man eine Bekleidung oder eine Frisur, die zu einer anderen kulturellen Tradition als der eigenen gehört, kommt dies nach Ansicht von Yaghoobifarah einem »Angriff« auf die Angehörigen dieser Tradition gleich, weshalb man darauf verzichten sollte. Die individuelle Freiheit zur Selbstinszenierung und ästhetischen Gestaltung endet demnach dort, wo sie die Unterscheidbarkeit homogener kultureller Traditionen »angreift«. Das entspricht dem Eingeständnis von Phoebé Guillemot und Francis Latreille nach der Kritik an ihrem indischen Sample: »Kulturelle Identität« sei »wichtiger als die Musik«. Eine solche Aussage könnte nun freilich auch in den Traktaten rechtspopulistischer Kulturpolitiker stehen oder im bereits zitierten »Kontrakultur«-Pamphlet der Identitären Bewegung; auch dort bildet die »kulturelle Identität« ja einen Wert an und für sich, dem alle Arten der Transformation und des Werdens, des kulturellen Experiments und der Vermischung unterzuordnen sind.

Nun werden sich »linke« Kritiker und Kritikerinnen der »cultural appropriation« selbstverständlich dagegen verwehren, mit den Vertreterinnen und Vertretern eines »rechten« Identitätsbegriffs in einen Topf geworfen zu werden. Den Unterschied zu den Rechten sehen sie darin, dass es ihnen nicht um die Bewahrung einer essenzialistisch verstandenen Identität geht, sondern vielmehr darum, den Gebrauch von Privilegien und Macht zu kritisieren. Historisch betrachtet, hat sich die Debatte um »cultural appropriation« tatsächlich aus der Kritik an solchen Arten der Aneignung entwickelt, in denen eine »privilegierte« einer »subalternen« Kultur gegenüberstand, insbesondere, wenn sich die »weiße« Kultur der westlichen Industrienationen bei afroamerikanischen Traditionen bediente oder bei solchen, die aus ehemals kolonialisierten Ländern stammen.[181] Als Extrembeispiel einer respektlosen und rassistischen »cultural appropriation« gilt gemeinhin das

»blackfacing«, also die Praxis weißer Künstler und Künstlerinnen, sich zur Darstellung eines afroamerikanischen Charakters schwarze Schminke im Gesicht aufzutragen. In den USA und Westeuropa trifft man diese Art der Kostümierung – die traditionellerweise mit einer affektiert-abwertenden Darstellung der Charaktere einhergeht – nur noch selten an. Ausgesprochen gängig ist sie hingegen immer noch unter südkoreanischen Popgruppen, die sich musikalisch ihrerseits häufig am afroamerikanischen R'n'B orientieren; erst in den letzten Jahren ist der Druck auf die K-Pop-Stars dahingehend gewachsen, dass sie auf das »blackfacing« lieber verzichten.[182]

Dieser Art der Kritik an der »cultural appropriation« liegt der verständliche Wille zugrunde, eine historische politische und ökonomische Ausbeutung nicht durch eine kulturelle Ausbeutung in die Gegenwart zu verlängern, sondern sich als Mitglied einer privilegierten Kultur respektvoll gegenüber weniger privilegierten Kulturen zu verhalten. So gesehen, kann man etwa die Kritik am Auftritt der twerkenden Miley Cyrus gut nachvollziehen – er wirkt respektlos und diskrimierend, nicht zuletzt in der Art und Weise, wie in ihr ansonsten weißes Ensemble drei farbige Tänzerinnen allein zum Zweck des Twerking, also des groben Hinternschüttelns, hineinversetzt werden. Aber wie steht es im Vergleich dazu mit dem Geisha-Kostüm von Katy Perry? Oder mit den Kimonos, die »weiße Menschen« auf dem Fusion Festival tragen? Denn die japanische Kultur ist ja keineswegs »subaltern«, unterdrückt oder diskriminiert, sondern – wenn man so möchte – genauso suprematistisch, imperialistisch und kolonialistisch wie jene der USA. Dasselbe gilt für China, dessen Kultur von manchen Kommentatoren und Kommentatorinnen aber ebenso vehement gegen die »appropriation« durch weiße Kulturschaffende verteidigt wird. Denn nicht nur auf dem Fusion Festival findet man nichtchinesische Menschen, die sich mit »chinesischen Zeichen schmücken«, sondern auch unter US-amerikanischen Popstars; so zeigt die R'n'B-Sängerin Nicki Minaj gern ihr Han-Schrift-Tattoo; und der Rapper Kendrick Lamar wurde nach dem Erscheinen seines 2017er Albums »DAMN.« von asiatisch-amerikanischen Kritikerinnen dafür gerügt, dass er bei dieser Gelegenheit in die Maske eines chinesischen Kampfsportlers namens »Kung Fu Kenny« geschlüpft war.[183]

Hier gibt es also gerade kein hierarchisches Gefälle, was die jeweilige Privilegiertheit betrifft; die chinesische Kulturtradition ist alles Mögliche, aber nicht subaltern. Der einzige Vorwurf, den man Perry und Lamar machen könnte, besteht also darin, dass sie sich bei den Kostümen, Stilen und Identifikationsfiguren einer anderen Kultur als der eigenen bedient haben. Die Kritik zielt mithin auf die Vermischung als solche, auf die Hybridität, auf die Überschreitung der Grenze zwischen dem Eigenen und dem Fremden. Eine ähnliche Kritik an der Aneignung asiatischer Kultur konnte man übrigens Mitte der nuller Jahre schon einmal in Deutschland betrachten: Damals hatte sich ein Teil der heranwachsenden Jugend gerade für den japanischen Pop und die dazugehörigen Comics, die Manga, zu begeistern begonnen – und reagierte ausgesprochen verärgert auf den Umstand, dass ausgerechnet eine deutsche Gruppe mit derselben Ästhetik zur erfolgreichsten Teenie-Band der Dekade wurde: Tokio Hotel. Vor deren erstem großen Konzert im Dezember 2005 in der Berliner Columbiahalle demonstrierten die deutschen J-Pop-Anhänger denn auch mit Plakaten und Chören gegen die »cultural appropriation« des J-Pop durch eine weiße Rockband, deren Mitglieder damals nach eigener Auskunft noch niemals in Japan gewesen waren.[184]

Das mag man nun als eher drolliges Beispiel für die Debatte über »cultural appropriation« betrachten, aber es zeigt sehr schön deren grundlegende Problematik. Wenn man die Kritik an kulturellen Aneignungen für legitim hält, solange sich in diesen ein asymmetrisches Machtverhältnis manifestiert – wer entscheidet dann darüber und mit welchen Argumenten, welche Kultur mehr oder weniger mächtig als die andere ist? Diese Frage ist ungeklärt, und es ist interessant, dass über das Thema bisher fast ausschließlich im Modus des Verbots und der Untersagung diskutiert wurde. Eine positive Ethik der »cultural appropriation« steht bislang aus, und das heißt: Von den Kritikern und Kritikerinnen der kulturellen Aneignung wird das utopische Potenzial der Hybridität und der kulturellen Vermischung nicht anerkannt oder auch nur gewürdigt, das Dogma der Identität regiert vielmehr unangefochten. So mündet die vorgebliche Kritik von Machtverhältnissen letztlich nur in das neuerliche Ringen darum, wer im popkulturellen Diskurs die Macht über exkludierende Zuschreibungen ausüben darf: Es ist die Macht darüber, entweder sich selbst oder eine bestimmte Art der umhegten Kulturtradition in die Position eines machtlosen Opfers versetzen zu können, um aus dieser Position wiederum die kulturelle Praxis der vermeintlich machtvollen Täter zu reglementieren.

Auch die Vertreter und Vertreterinnen eines rechtsidentitären Kulturbegriffs sehen sich im Übrigen in der Rolle von Opfern: Sie wollen ihre »eigene« Kultur gegen den Angriff einer destruktiven und egalisierenden Globalisierung verteidigen; darum setzt sich der identitäre Rapper Komplott ja auch so vehement für den »Denkmalschutz« ein. Aber was anderes drückt sich in der Kritik des DJs Bakrat Singh alias Bake an der Verwendung eines Klangfragments aus der indischen Nationalhymne aus, als dass er diese als unantastbares Erbe einer mit sich selbst identischen kulturellen Tradition unter Denkmalschutz stellen möchte? »Ich dulde keine Kritik / an diesem heiligen Land / das unsere Heimat ist«, singt Philipp Burger von Frei.Wild in dem Lied »Südtirol« – kann sein, dass die Verfechter und Verfechterinnen einer linken Identitätspolitik die Kritik an ihren heiligen Heimaten noch dulden; Samples dulden sie jedenfalls nicht.

10. Freundschaft im Pop

Die Utopie der Gegenkultur und die Perspektive der Solidarität

Wie lässt sich nun das Verhältnis zwischen Politik, Populismus und dem Pop der Gegenwart zusammenfassend charakterisieren? Ein einfacher Nenner ist nicht in Sicht, und die Antwort ist so symptomatisch wie die Lage: unübersichtlich und widersprüchlich.

Der Pop der Gegenwart ist in weiten Teilen von einer enormen sprachlichen Verrohung geprägt und von politisch zutiefst reaktionären Positionen. Er ist sexistisch und patriarchal, und er lappt – wie wir etwa bei Kollegah und Farid Bang gesehen haben – in einem jenseits der Underground-Sphären des Nazi-Rock lange Zeit unvorstellbaren Ausmaß ins Rassistische und Antisemitische. Hier ist der Pop der Gegenwart nicht von der Utopie des befreiten Miteinanders gleichberechtigter Menschen geprägt, sondern von der genussvoll ausgekosteten Härte des Kampfes aller gegen alle und vom Wunsch, den Gegner zu bezwingen. Aus diesem Grund geht auch die gern geäußerte Kritik in die Irre, der Pop der Gegenwart sei kaum mehr »politisch«. Das Gegenteil ist der Fall: Lange schon war Pop nicht mehr so politisch wie heute; bloß ist er dies eben in wesentlichen Teilen nicht in einem »linken« oder »emanzipatorischen« Sinn. Vielmehr ist er ein getreuer Spiegel der entfesselten Wettbewerbsgesellschaft, in der wir leben – und ihrer dialektischen Rückseite, der neuen Beschwörung von Herkunft und Identität, die den Stress und die Unübersichtlichkeit dieser Gesellschaft dadurch zu kompensieren versucht, dass sie sich in einfache und übersichtliche Zustände zurücksehnt: in die Behaglichkeit einer von der Moderne und der Globalisierung noch unangetasteten Vergangenheit; in eine formierte Gesellschaft, in der die kulturellen Traditionen noch mit sich selber identisch und unvermischt sind und die Ordnung der sexuellen Verhältnisse dem bewährten Schema des Patriarchats folgt.

Insofern harmoniert der Pop der Gegenwart in weiten Teilen mit dem Weltbild des neuen rechten Populismus. Eine weitere Entsprechung liegt in der Art und Weise, in der seine Protagonisten die Grenzen des Sagbaren nach rechts zu verschieben versuchen – und sich zugleich der Verantwortung für ihre Äußerungen entziehen. Musiker wie Kollegah, Farid Bang und Bushido behaupten ja durchweg, in keiner Weise verantwortlich für die Wirkung ihrer Rhetorik auf ihre jugendlichen Hörerinnen und Hörer zu sein – weil ihre rohen, misogynen, homophoben und rassistischen Texte eben »nicht so gemeint«, sondern lediglich provokant, spielerisch und krass um der Krassheit selbst willen seien. Auf diese Art der Selbstexkulpation darf sich eine Popkritik, die diesen Namen verdient, niemals einlassen: Ein Künstler trägt natürlich Verantwortung für seine Kunst, und es ist die Aufgabe jeder Kritik, diese Verantwortung einzufordern. Auch wenn es den Kritiker freilich in eine unerfreuliche Lage bringt; denn er steht nun zwangsläufig als derjenige da, der einem krass-coolen Typen moralinsauer mit dem Zeigefinger vor der Nase herumfuchtelt und im Zweifelsfall dabei auch noch als jemand erscheint, der selber »gar nicht dazugehört« – weil er zum Beispiel kein langjähriges Mitglied der HipHop-Szene ist und folglich die »Regeln« nicht kennt, nach denen in dieser gespielt wird – oder der, wie es den Kritikern von Andreas Gabalier und Frei.Wild von deren Verteidigern vorgehalten wird, ohnehin zur anderen Seite des politischen Spektrums zählt, zum »linksgrün versifften Mainstream«, und schon allein aus diesem Grund nicht die Berechtigung besitzt, sich über ihre Musik und die darin enthaltenen Botschaften zu äußern.

In dieser Position findet man sich ungern wieder; einfacher wäre es fraglos, das zynische Spiel mitzuspielen und es als freche Provokation des – wahlweise HipHop-fernen, erwachsen-spießigen, bürgerlichen oder linken – Establishments zu feiern. Man machte dann auch als Kritiker eine freche, jedenfalls weniger verklemmte Figur. Dagegen ist allerdings einzuwenden, dass es nicht zu den Aufgaben eines Kritikers zählt, eine gute Figur zu machen; ist es doch seine Schuldigkeit, gerade dann auf die ethischen und ästhetischen Kriterien der Analyse und Bewertung zu insistieren, wenn er dadurch lästig und überflüssig erscheint.

Es gibt aber noch einen anderen problematischen Aspekt, wenn man Popmusik – oder Kunst generell – nach politischen und moralischen Maßstäben bewertet und für das von ihr Gesagte oder Gezeigte oder auch nur Angedeutete in die Verantwortung nehmen will. Denn, so könnte man fragen: Sollte Kunst nicht als solche gerade jene Sphäre des Daseins darstellen, in der man sich in experimentierender, provozierender Weise der Verantwortung für gesellschaftlich vorgegebene Normen entzieht? In einer Weise, die furchtlos sämtliche Grenzen, auch jene des »guten Geschmacks«, überschreitet?[185] Was wäre der Pop der vergangenen Jahrzehnte ohne dessen Provokation der spießigen Kleinbürgerwelt und ihrer festgefügten Vorstellungen davon, wie Menschen auszusehen und sich zu verhalten haben, wie sie sich äußern und inszenieren dürfen? Wo wären wir heute, hätten die Beatles und die Hippies sich nicht in den Sechzigern aus Protest gegen die maskulin formierte Gesellschaft die Haare wachsen lassen und sich in eklektische Fantasiekostüme gekleidet? Wo wären wir, hätten nicht die Glamrocker mit ihrer bisexuellen Ästhetik in den frühen Siebzigern den heterosexuellen Imperativ herausgefordert und allen Menschen, die sich unbehaust fühlten in der Welt, ein Beispiel dafür gegeben, dass ein anderes Leben möglich ist? Wo wären wir, hätten nicht die Disco-Musik und der frühe afroamerikanische HipHop den rassistischen Imperativ im Pop und in der Gesellschaft herausgefordert? Wo wären wir ohne den Punk und den Industrial mit ihrem riskanten Spiel mit schweren Zeichen und ihren explizit verantwortungslosen Provokationen des guten Geschmacks und des kulturellen und gesellschaftlichen Establishments? Wo wären wir ohne die sexuellen und kulturellen Grenzüberschreitungen, die insbesondere die elektronische Klubmusik der letzten Jahrzehnte prägen: von den schwulen Traditionen des Techno und den queeren Traditionen des House bis zu den feministischen und Transgender-Produzent/innen der Gegenwart? Wo wären wir ohne die politische Ästhetik der Transgression, die man etwa bei Anohni/Antony Hegarty findet, bei Sängerinnen wie FKA twigs, Kelela oder der frühen Lady Gaga?[186]

Demgegenüber erscheint ein Kritiker, der von Popmusikern nunmehr Verantwortung für die Bewahrung eines gesellschaftlichen Konsens einfordert, nicht nur als moralinsaure Nervensäge – sondern auch als jemand, der das Wesen des Pop nicht verstanden hat; der den Pop am liebsten auf eine Ästhetik des gesellschaftlich engagierten Protestsongs mit emanzipatorischer Botschaft verpflichten möchte und damit der an und für sich wahrscheinlich langweiligsten Musik das Wort redet, die der Pop jemals hervorgebracht hat. Richtig daran ist, dass man dem Pop zweifellos seinen Wesenskern raubt, wenn man ihm jegliche Provokation untersagen möchte; man raubt ihm seinen inneren Motor, sein Risiko und seine Schönheit. Zollt man dem Wert von Provokationen Anerkennung, heißt das aber noch lange nicht, dass man jede Provokation um ihrer selbst willen feiert und jede Art der Verantwortungslosigkeit. Denn es gibt – abgesehen vom kaum zu bestreitenden Gefälle in Fragen der musikalischen Qualität – einen entscheidenden Unterschied zwischen Glamrock, Disco und dem frühen HipHop einerseits und Kollegah andererseits.

Während die Provokationen und Grenzüberschreitungen von Glamrock, Disco und frühem HipHop stets auf die Überwindung von Diskriminierungen gerichtet waren, mit der Botschaft, dass jeder Mensch so leben darf und soll, wie es ihm gefällt – so sucht man diese Perspektive bei Künstlern wie Kollegah, Farid Bang und Bushido vergebens. Sie verhalten sich durchweg wie zynische Individualisten, deren Lust an der Provokation und der Grenzüberschreitung ausschließlich aus destruktiven Impulsen erwächst. Es fehlt ihnen – anders als bei den Gegenkulturen der siebziger Jahre – jede Perspektive auf ein Kollektiv oder eine Gemeinschaft von Menschen, die durch die Kraft der ästhetischen Provokationen und Transgressionen eventuell aus ihrer gesellschaftlichen Marginalisierung befreit werden können; oder anders gesagt: Es fehlt ihnen jede Perspektive auf eine gesellschaftliche und künstlerische Solidarität.

So stehen sie nicht in der Tradition älterer provokatorisch-transgressiver Popkünstler, sondern gleichen eher den hyperindividualisierten, destruktiv-maskulinen Online-Kulturkämpfern der Neuen Rechten, über die Angela Nagle in ihrer einschlägigen Studie »Die digitale Gegenrevolution« aus dem Jahr 2017 schreibt: »Die Vorstellung vom inhärenten Wert bestimmter ästhetischer Prinzipien, die seit den Sechzigern die westliche Popkultur dominieren – Transgression, Subversion und Gegenkultur –,« habe sich inzwischen »als bestimmendes Merkmal einer netzbasierten äußersten Rechten herausgestellt, die einerseits voll von der Engstirnigkeit der Rechten steckt, durch ihren nietzscheanischen Antimoralismus jedoch von allen durch christliche Moral vorgeschriebenen Restriktionen befreit ist. Sie steckt voller selbstgerechter Verachtung für alles Etablierte, Konformistische, Normale.«[187]

Gerade diese Verachtung ist inzwischen aber ihrerseits zum wesentlichen Kennzeichen des vorgeblich verachteten Etablierten geworden. Der destruktive Impuls gegen den gesellschaftlichen Zusammenhalt ist in einer polarisierten und fragmentierten Gesellschaft die prototypische Haltung des neuen Untertanen; bloß dass sich dieser Untertan neuen Typs nicht mehr – wie in früheren Inkarnationen – einer unhinterfragt herrschenden Autorität unterwirft; stattdessen versucht er sich mangels allgemein akzeptierter Autoritäten selber in deren vakante Positionen zu bringen: Das ist das, was Angela Nagle als »nietzscheanischen Antimoralismus« bezeichnet und was etwa Kollegah in seiner Selbstinszenierung als »Boss« oder »Alpha-Mann« bestätigt und an sich selbst feiert.[188]

Wenn es sich dabei noch um eine Transgression handelt, dann ist es eine solche der Stärke und des Übermenschentums, und in ihrer letzten Konsequenz ist sie natürlich faschistoid. Aber ist es deswegen »an der Zeit«, wie Angela Nagle es fordert, »die noch immer sehr jungen, sehr modernen Werte und das gesamte Paradigma der Gegenkultur zu beerdigen und etwas Neues zu schaffen«?[189] Es gibt auf der anderen Seite ja auch noch jene Arten der Popkultur, von denen im fünften und neunten Kapitel dieses Buchs die Rede ist: jenen Pop, der zumindest vordergründig nicht auf Identität, Diskriminierung und Verpanzerung setzt, sondern auf die Überwindung von Grenzen, auf Hybridität, Vernetzung und Austausch; und der übrigens auch – anders als die Straßenrapper, Deutsch- und Volksrocker von Bushido bis Frei.Wild – sich an seinen politisch-moralischen Intentionen entlang an einer Erweiterung der ästhetischen Mittel versucht; an der Erprobung von neuen Klängen und Rhythmen; an der Entdeckung unbekannter Stile und Sounds – oder zumindest solcher Stile und Sounds, die im jeweiligen Kulturkreis der Künstlerinnen und Künstler noch neu und wenig bekannt wirken –; an der Erschaffung unerwarteter Verbindungen zwischen bislang getrennten Spielweisen und Traditionen; an der Neubestimmung des Verhältnisses von »authentischem« Musizieren und elektronischer Manipulation, von Stimme und Stimmfiltern, Gesang und instrumentaler Begleitung. Haben wir es hier nicht mit einer popmusikalischen Gegenkultur zu tun, die nicht auf den suprematistischen Individualismus des zynischen Untertanen setzt, sondern auf dessen Überwindung in der Beschwörung von transgressiver Kollektivität und Solidarität?

Leider gilt das nur zum Teil: Denn auch in diesen Arten der Popkultur beginnt sich, wie wir am Ende des vorigen Kapitels gesehen haben, das verhärtende Gift der Identitätspolitik auszubreiten. In diesem Zusammenhang ist vielleicht noch folgende Anekdote von Interesse. So gehen Teile des fünften Kapitels über die Protagonisten und Protagonistinnen der sexuellen Transgression im Pop der Gegenwart auf einen Essay zurück, den ich im November 2018 für das Zürcher Online-Magazin republik.ch verfasst habe. Er erschien dort unter dem Titel »Küss mich an meinen Geschlechtern«[190]. Auf diesen Text gab es zwei Sorten von Reaktionen: Auf der Facebook-Seite von republik.ch brauste binnen kürzester Zeit ein gewaltiger Shitstorm; Dutzende von Kommentatoren und Kommentatorinnen ereiferten sich darüber, dass solchen »abartigen Figuren« wie Planningtorock und anderen Transgender-Künstlern und -Künstlerinnen ein derartiges Forum geboten würde. »Genderideologen« wie ich würden »ständig versuchen (...), die Öffentlichkeit mit ihren kruden Ideen zu penetrieren«. Da sei es »kein Wunder, dass alles den Bach runtergeht«; »kein Wunder, dass Syphilis wieder auf dem Vormarsch ist, Gruppensex mit m/w/d als avantgardistisch zu bezeichnen, ist (...) einfach nur notgeil, wieder ein Beispiel dafür, wie degeneriert unsere Gesellschaft ist«.[191]

Die andere Sorte von Reaktionen fiel im Ton etwas höflicher aus, stellte aber den Wert des Textes ebenso grundsätzlich in Frage: Bei der Beschreibung von Transgender-Personen hatte ich mich nicht an die von der LGBTQ*-Szene autorisierte Nomenklatur mit Unterstrichen, Sternchen und sonst wie das binäre Geschlechtermodell umgehenden Sonderzeichen gehalten; deswegen spiegle sich auch in meinen Darlegungen nichts anderes wider als eben die diskriminierende Arroganz eines privilegierten Cis-Mannes. Tatsächlich hatte Planningtorock dem Promo-Exemplar ihres Albums ein Anmerkungsblatt mit Vokabelvorschriften beifügen lassen. Man solle in ihrem Fall nicht »er« oder »sie« oder »er oder sie« sagen, sondern nichtbinäre Pronomen wie »sier« oder »dier« und damit den Plural verwenden: Auf sonderbare Weise wird hier der Gestus der Befreiung, der Grenzüberschreitung und des unendlichen Werdens, der so elementar für die Ästhetik und die Inszenierungen der sexuellen Transgression ist, durch den jakobinischen Wunsch nach sprachlicher Kontrolle ersetzt; durch den Wunsch, das Werden und die Fluidität in starren Neologismen wieder identifizierbar zu machen.

An dieser Anekdote zeigt sich meines Erachtens zweierlei. Zum einen: Wir befinden uns in einer Situation, in der sich unterschiedliche Teile der Gesellschaft mit unterschiedlichen Weltanschauungen und politischen wie wohl auch ästhetischen Präferenzen vollständig verständnislos gegenüberstehen; oder wie es der Kritiker Thomas

Edlinger jüngst in einem Essay über »Das gespaltene Netzwerk« formuliert hat: »Sogar der Minimalkonsens im Gesellschaftsdiskurs, wonach eine gemeinsame Welt geteilt wird, ist fragwürdig geworden. Leben Veganerinnen und Rednecks« – oder wie man in diesem Zusammenhang ergänzen könnte: Leben Menschen, die sich für Transgender-Pop begeistern oder ihn zumindest als interessantes musikalisches Phänomen sehen, und die prinzipiellen Verächter jeder Art von nichtbinärer sexueller Identität – »überhaupt im gleichen Land, in der gleichen Zeit, in der gleichen Gesellschaft? (...) Ein Zentrum des allgemein Verbindlichen – Leitkultur hin, Mehrheitsgesellschaft her – lässt sich kaum mehr angeben. Einigkeit herrscht nur mehr darüber, dass es keine Einigkeit gibt; selbstverständlich ist, dass nichts mehr selbstverständlich ist.«[192] Insofern hat Angela Nagle mit ihrer Diagnose recht: Es könnte Zeit sein, sich vom Konzept der Gegenkultur zu verabschieden, denn es gibt keine Mehrheitsgesellschaft mehr, gegen die sich eine Gegenkultur als solche definieren könnte; die politische und auch die ästhetische Situation ist – so noch einmal Thomas Edlinger – »von einer fortschreitenden Tribalisierung geprägt. Die Stämme scharen ihre Anhängerschaft nun auch in digitalen Echoräumen um sich, erzeugen Meinungsverdichtungen und erhitzen Gemüter, schaffen aber auch die Räume dazwischen, das Vergessene und Verlassene.«[193]

Das heißt: Wenn man den Pop der Gegenwart als Spiegelbild populistischer Politik zu begreifen versucht, dann ist es – anders, als man prima facie vielleicht meinen könnte – nicht damit getan, aus ihm bloß »das Völkische« oder die Sehnsucht nach dem nostalgisch verbrämten Bild einer formierten Gesellschaft zu destillieren – oder den Sexismus und die Misogynie, die Homo- und Transphobie, die sich im Zorn der neurechten Patriarchen über die »Genderideologie« manifestieren. Das ist ein wichtiger Teil der Analyse. Aber: Wer vom Populismus redet, muss auch von der Polarisierung der Gesellschaft reden; von dem Dis-Konzert der vielfältigen Stämme, in dem der rechte Populismus eine Stimme unter anderen ist: Erst die völlige Kommunikationslosigkeit zwischen diesen Stämmen und Stimmen und Popkulturen und die gegenseitige Abschottung der Echoräume führt ja – auch – zu der Verhärtung der rechten Position, die sich in der populistischen »hate speech« niederschlägt. Und gleichzeitig findet man die »hate speech« eben nicht nur dort, wo eine linke oder emanzipatorisch geprägte Kritik sie gerne verorten würde: im patriarchal deutschtümelnden Rock. Sondern gerade auch in den migrantisch geprägten – und damit von links traditionellerweise per se als emanzipatorisch veranschlagten – Arten der Popkultur wie dem Straßen- und Gangsta-Rap. Diese haben mit der alten Utopie der musikalischen Hybridität viel weniger und mit dem rechten Populismus viel mehr gemein, als die Angehörigen der jeweiligen Stämme es wahrhaben wollen. In der Gesellschaft, in der wir leben, pflanzt der reaktionäre Regress sich in vielfältigen Bahnen und Netzwerken fort, die unterhalb der überkommenen Lagergrenzen verlaufen. Für die Popkritik bedeutet dies, dass sie keinen Referenzpunkt mehr besitzt, der sie in ihrem Argumentieren kulturell zu erden vermag. Sie ist heimatlos geworden. Gerade deswegen muss sie aber der Versuchung widerstehen, sich zur Überwindung dieser Heimatlosigkeit einem bestimmten Stamm anzuschließen und einer bestimmten Art der Identitätspolitik – egal, ob diese nun gerade von »links« oder von »rechts« im Angebot steht.

Was bleibt? Das ist das Insistieren darauf, dass guter, schöner, emanzipierter Pop immer eine Ästhetik des Werdens und der Grenzüberschreitung verfolgt; eine Ästhetik der Verunsicherung und Überschreitung überkommener Verhältnisse; und eine Ästhetik des Empowerments all jener Menschen, die nicht so leben wollen oder können, wie es ihnen von den Verhältnissen vorgegeben wird. Eine schöne, gute und wahre Popkultur – wie übrigens auch generell: eine schöne, gute und wahre Kunst – ist gerade jene, die sich mit ästhetischen Mitteln an der Erschaffung von solidarischen Verhältnissen versucht; eine Popkultur, die Orte, Räume, Momente schafft, an denen und in denen es völlig gleichgültig ist, woher man kommt, wie man aussieht, wen man liebt, auf welche Weise man leben möchte – wichtig ist nur, dass hier alle gemeinsam die Freiheit feiern, miteinander verschieden und darin doch einig zu sein; das ist die popkulturelle Utopie der Solidarität.

Darum ist es so tragisch, dass auf der vermeintlich linken Seite des politischen und popkulturellen Spektrums das Prinizip der Solidarität ebenso nachhaltig aufgekündigt wurde wie seitens der rechten Populisten. Während auf der »rechten« Seite die rücksichtslose Vergröberung der Rhetorik und des individualistischen Kampfes aller gegen alle und der Stärkeren gegen die Schwächeren wütet, herrscht auf der »linken« Seite eine unendliche Verfeinerung und Binnendifferenzierung, in welcher der richtige Gebrauch von individuell geprägten Neologismen zur Beschreibung einer bestimmten sexuellen Identität wichtiger scheint als die Feier des Nichtidentischen und wesentlicher als die Solidarität mit all jenen, denen das Nichtidentische ebenso wichtig ist wie der Kampf gegen die identitäre Verhärtung auf Seiten der Rechtspopulisten; und in welcher der korrekte Gebrauch von wie auch immer kulturell geprägten Zitaten, Samples, musikalischen und anderen Elementen mit größerer Leidenschaft, Schärfe und Erbitterung diskutiert wird als die richtigen Strategien zum Widerstand gegen all jene, die jegliche Form der kulturellen Vermischung, Transgression und Hybridität aus der Welt schaffen wollen.

Diese Art des Pop-Diskurses ist in seiner bis ins Unendliche sich rekursiv fortpflanzenden »binnenlinken Spaltung«[194] letztlich völlig hilflos gegenüber den weitaus entschiedener und konzentrierter ausgefochtenen Angriffen von rechts. Es fehlt ihr aber auch – abgesehen von solchen politisch-strategischen Einwänden – vollständig an einer Reflexion auf den Umstand, dass sie selber nichts anderes widerspiegelt und befördert als den zynischen

Individualismus der entfesselten kapitalistischen Wettbewerbsgesellschaft und ihrer dialektischen Rückseite, der Sehnsucht nach identitärer Rückvergewisserung in einer unübersichtlich gewordenen Welt. Die extreme Vergröberung und die extreme Verfeinerung des Diskurses sind lediglich zwei Seiten derselben Dialektik; es ist die Dialektik einer Entsolidarisierung, die sich in der fragmentierten Gesellschaft im Ganzen ebenso zeigt wie in ihren Fragmenten. Aus dem »Mainstream der Minderheiten«, den Tom Holert und Mark Terkessidis vor über zwanzig Jahren in ihrem gleichnamigen, immer noch einschlägigen Band beschrieben haben[195], ist eine Agora der Minderheiten geworden; ein institutionalisierter Ausnahmezustand, in dem das Recht des Stärkeren gilt, wobei der Stärkere in diesem Fall stets derjenige ist, der mit größerer Durchschlagskraft für sich die Opferrolle zu beanspruchen versteht, aus der wiederum die Legitimation zur Durchsetzung der eigenen Interessen und zur aggressiven Verteidigung der eigenen Identität abgeleitet wird. Diese Verschränkung von Selbstviktimisierung und Suprematismus findet sich – sagen wir einmal – bei Andreas Gabalier und Frei.Wild ebenso wie bei den neuen Zensoren und Zensorinnen der »cultural appropriation«.

Wenn der hybride und transgressive Pop der Gegenwart von der linken Identitätspolitik nun auf ähnlich reaktionäre Weise von innen zersetzt wird, wie die rechten Populisten die Polarisierung der Gesellschaft im Ganzen betreiben, dann scheint es in der Realität keine Gegenkultur mehr zu geben, auf die sich eine emanzipatorische Popkritik beziehen könnte. Das heißt aber nicht – darin hat Angela Nagle wiederum unrecht –, dass die Gegenkultur als utopisches Modell bereits abgedankt hat: Sie ist lebendig als Ideal einer popkulturell versammelten Gemeinschaft von Menschen, die in generell unsolidarischen Verhältnissen einander ihre Solidarität versichern. Die Sehnsucht nach einem solchen Modell, nach einer solchen Utopie, ist heute stärker denn je. Sie wird immer stärker, je deutlicher sich die Konsequenzen der Fragmentierung und zynischen Individualisierung zeigen – in der Einsamkeit der Menschen und im Stress ihres Kampfes gegeneinander. Aber auch in der Hoffnung, dass es anders sein kann: An diesem Ideal kann und muss die Popkritik festhalten, auch wenn sie sich dabei notwendig zwischen alle Lager stellt, in denen Popkultur gegenwärtig produziert wird. Die Popkritik muss das Ideal eines solidarischen Miteinanders als Maßstab ihrer kulturellen Analysen und Bewertungen bewahren, auch wenn sich in der Realität dafür gerade kein anderer Referenzpunkt findet als die Negation der Verhältnisse. Es geht also – um ein Wort von Theodor W. Adorno abzuwandeln – um die Solidarität mit der Gegenkultur im Moment ihres Sturzes. Es geht um die durch nichts zu ersetzende Hoffnung, dass der Pop uns Orte und Räume, Momente und Möglichkeiten zu schenken vermag, in denen Menschen, die vielleicht ganz anders sind als wir selber, uns nicht als Konkurrenten und Gegner begegnen, sondern als Freundinnen und Freunde.

Dank

Danke: an meine fabelhafte Lektorin Ulrike Fritzsching für die Idee zu diesem Buch, ihre kontinuierliche Ermutigung und Inspiration und vor allem natürlich für ihre kritische und rettende Lektüre des Manuskripts; sowie an meinen Verleger Bernd Martin und an Kerstin Schulz von der Edition Körber.

Einige der Gedanken und Themen in diesem Buch gehen auf Artikel und Essays zurück, die seit Anfang 2017 in verschiedenen Medien erschienen sind: in DIE ZEIT, Zeit Online, Spiegel Online, taz – die Tageszeitung, Rolling Stone und republik.ch, in meiner Kolumne »Wissen – Denken – Meinen« bei Radio Eins, im Deutschlandfunk und Deutschlandfunk Kultur und im Nachtstudio des Bayerischen Rundfunks. Ich danke meinen Redakteurinnen und Redakteuren für hilfreiche und manchmal auch kontroverse Debatten: Lars Weisbrod, Martin Eimermacher, Rabea Weihser, Wenke Husmann, Andreas Borcholte, Andreas Fanizadeh, Sebastian Zabel, Adalbert Siniawski, Kerstin Janse, Christoph Reimann, Daniel Graf, Jochen

Wittig, Philip Meinhold, Diane Arapovic und Martin Zeyn. Dank für Hinweise, Gespräche und Diskussionen auch an: Katja Lüthge, Tobi Müller, Thomas Edlinger, Martin Hossbach, Markus Schneider, André Jürgens, Georg Müller-Loeffelholz, Roland Owsnitzki, Peter Siller, Kathrin Hain, Katja Lucker, Klaus Lederer, Tobias Nagl, Klaus Farin, Tom Holert, Sonja Eismann, Jan Rohlf, Zuri Maria Daiß, Charlotte Goltermann, Sven Regener und Florian Schroeder.

Anmerkungen

1   Georg Seeßlen: Is This the End? Pop zwischen Befreiung und
    Unterdrückung. Edition Tiamat: Berlin 2018, S. 169.

2   Seeßlen: Is This the End?, a.a.O., S. 171.

3   Einige Passagen des folgenden Textes gehen auf Artikel und
    Essays zurück, die ich zwischen April 2018 und Februar 2019
    für Zeit Online verfasst habe; ich danke dem Zeit Verlag,
    Hamburg, für die Lizenz zur Verwendung. Kapitel 1: https://
    www.zeit.de/kultur/musik/2018-04/echo-verleihung-kollegah-
    farid-bang-bertelsmann-konsequenzen sowie: https://www.
    zeit.de/kultur/musik/2018-04/echo-musikpreis-abschaffung.
    Kapitel 3: https://www.zeit.de/kultur/musik/2018-06/ruhr-
    triennale-bds-israelfeindlichkeit-young-fathers-stefanie-carp.
    Kapitel 6: https://www.zeit.de/kultur/musik/2019-02/andreas-
    gabalier-schlagersaenger-karl-valentin-orden-verleihung-kritik.
    Kapitel 7: https://www.zeit.de/kultur/musik/2018-10/feine-sah-
    ne-fischfilet-bauhaus-konzert-abgesagt. Kapitel 8: https://www.
    zeit.de/kultur/musik/2018-01/identitaere-bewegung-neue-
    rechte-musik-komplott-popkultur-musik. Einige Passagen in
    Kapitel 5 gehen auf einen Essay zurück, den ich im November
    2018 für republik.ch verfasst habe; ich danke Daniel Graf
    und der Republik AG, Zürich, für die Lizenz zur Verwendung:
    https://www.republik.ch/2018/11/17/kuess-mich-an-meinen-
    geschlechtern.

4   https://www.bild.de/unterhaltung/musik/farid-bang/echo-

nominierung-trotz-hass-zeilen-55238930.bild.html, zuletzt aufgerufen am 13.03.2019.

5 Die Regularien des Antragsverfahrens finden sich unter: https://www.bundespruefstelle.de/bpjm/indizierung/wie-laeuft-ein-indizierungsverfahren-ab, zuletzt aufgerufen am 13.03.2019.

6 http://www.echopop.de/q-a-jbg3/, zuletzt aufgerufen am 13.03.2019.

7 Ebd.

8 https://www.youtube.com/watch?v=A3JvHPz-Smo, zuletzt aufgerufen am 13.03.2019.

9 https://www.youtube.com/watch?v=3PmFtCyg-88, zuletzt aufgerufen am 13.03.2019.

10 https://www.youtube.com/watch?v=VUiqCH48ztg, zuletzt aufgerufen am 13.03.2019.

11 https://www.perlentaucher.de/efeu/2018-04-18.html?highlight=Echo-Skandal+2018#a66215, zuletzt aufgerufen am 13.03.2019.

12 https://www.facebook.com/Maffay.de/photos/a.415829037049.199761.335022152049/10155290345762050/?type=3, zuletzt aufgerufen am 13.03.2019.

13 https://www.bmg.com/de/artist/peter-maffay, zuletzt aufgerufen am 13.03.2019.

14 https://www.zeit.de/2018/17/sven-regener-echo-kollegah-farid-bang-bertelsmann-kritik, zuletzt aufgerufen am 13.03.2019.

15 https://www.musicbusinessworldwide.com/bmg-just-leapfrogged-universal-to-become-the-biggest-record-label-in-germany-this-week/, zuletzt aufgerufen am 13.03.2019.

16 https://www.dailymotion.com/video/x51szfs, zuletzt aufgerufen am 13.03.2019.

17 https://twitter.com/oliverpolak/status/979777939997908993?lang=de, zuletzt aufgerufen am 13.03.2019.

18 https://www.welt.de/kultur/article175451904/Die-Debatte-um-Kollegah-und-Farid-Bang-muss-endlich-fair-gefuehrt-werden.html, zuletzt aufgerufen am 13.03.2019.

19 Eine instruktive Einführung in die Geschichte des Genres bietet: Lynne d Johnson: The Art of the Dis: Hip-Hop's Battle Royale. In: Ron Scapp/Brian Seitz (Hrsg.): Etiquette: Reflections on Con-

temporary Comportment. SUNY Press: New York City 2007,
S. 17–32.

20 https://genius.com/Kollegah-and-farid-bang-ave-maria-lyrics,
zuletzt aufgerufen am 13.03.2019.

21 https://www.bertelsmann.de/news-und-media/nachrichten/bmg-
initiiert-kampagne-gegen-antisemitismus.jsp, zuletzt aufgerufen
am 13.03.2019.

22 https://www.bertelsmann.de/verantwortung/projekte-weltweit/
projekt/musik-gegen-antisemitismus-und-hass.jsp, zuletzt
aufgerufen am 13.03.2019.

23 https://www.bertelsmann.de/verantwortung/projekte-weltweit/
projekt/starkes-signal-gegen-antisemitismus-und-hass.jsp, zuletzt
aufgerufen am 13.03.2019.

24 http://www.musikindustrie.de/news-detail/controller/News/action/
detail/news/neuanfang-fuer-den-deutschen-musikpreis/, zuletzt
aufgerufen am 13.03.2019.

25 https://genius.com/Bushido-drogen-sex-gangbang-lyrics, zuletzt
aufgerufen am 13.03.2019.

26 https://genius.com/Bushido-berlin-lyrics, zuletzt aufgerufen am
13.03.2019.

27 https://genius.com/Bushido-pussy-lyrics, zuletzt aufgerufen am
13.03.2019.

28 https://www.queer.de/detail.php?article_id=3511, zuletzt
aufgerufen am 13.03.2019.

29 https://genius.com/Bushido-das-leben-ist-hart-lyrics, zuletzt
aufgerufen am 13.03.2019.

30 https://genius.com/Fler-ndw-2005-lyrics, zuletzt aufgerufen am
13.03.2019.

31 http://www.spiegel.de/kultur/musik/deutscher-hiphop-spd-
politikerin-warnt-vor-rassistischem-rap-a-359648.html, zuletzt
aufgerufen am 13.03.2019.

32 https://www.emma.de/artikel/musik-hass-rapper-263175, zuletzt
aufgerufen am 13.03.2019.

33 https://www.welt.de/print-wams/article132584/Alle-Muetter-sind-
geschaendet.html, zuletzt aufgerufen am 13.03.2019.

34 https://www.berliner-zeitung.de/musik-gegen-gewalt-an-den-

schulen-bei-einem-festival-am-brandenburger-tor-das-ist-jetzt-aber-besonders-schwul-15543900, zuletzt aufgerufen am 14.03.2019.

35 https://www.bild.de/unterhaltung/musik/soll-fuer-horst-seehofer-csu-hymne-schreiben-11151742.bild.html, zuletzt aufgerufen am 13.03.2019.

36 https://www.bz-berlin.de/artikel-archiv/bushido-macht-praktikum-im-bundestag, zuletzt aufgerufen am 13.03.2019.

37 https://www.welt.de/print-wams/article132584/Alle-Muetter-sind-geschaendet.html, zuletzt aufgerufen am 13.03.2019.

38 vgl. Jens Balzer: Pop. Ein Panorama der Gegenwart. Rowohlt: Berlin 2016.

39 https://www.nytimes.com/1993/08/27/opinion/editorial-note-book-the-politics-of-gangster-rap.html, zuletzt aufgerufen am 13.03.2019.

40 bell hooks: Gangsta Culture – Sexism and Misogyny. In: dies.: Outlaw Culture. Routledge: New York/London 1994. S. 134–144, hier: S. 134f. (meine Übersetzung).

41 bell hooks: Gangsta Culture, a.a.O., S. 135.

42 bell hooks: Gangsta Culture, a.a.O., S. 143.

43 https://genius.com/16443165, zuletzt aufgerufen am 13.03.2019.

44 https://genius.com/Bonez-mc-and-raf-camora-attackieren-lyrics, zuletzt aufgerufen am 13.03.2019.

45 https://genius.com/Kollegah-kobrakopf-lyrics, zuletzt aufgerufen am 13.03.2019.

46 Heidi Süß: Sex(ismus) ohne Grund? Zum Zusammenhang von Rap und Geschlecht. In: Aus Politik und Zeitgeschichte, Nr. 9/2018, S. 27–33, hier S. 33.

47 https://genius.com/Sonny-black-and-saad-taliban-lyrics, zuletzt aufgerufen am 14.03.2019.

48 https://genius.com/13177847, zuletzt aufgerufen am 14.03.2019.

49 https://www.instagram.com/p/xmrogSoL61/, zuletzt aufgerufen am 14.03.2019.

50 https://www.facebook.com/prinzpi23/photos/pb.1056135694865 67.-2207520000.1421487849./788489157865668/ ?type=1&theater, zuletzt aufgerufen am 14.03.2019.

51 https://genius.com/Prinz-pi-ich-gehe-lyrics, zuletzt aufgerufen am 14.03.2019.

52 Ben Salomo: Ben Salomo bedeutet Sohn des Friedens. Europa Verlag: München 2019. S. 154.

53 Dazu ausführlich: Senatsverwaltung für Inneres und Sport, Berlin, Abteilung Verfassungsschutz: Lageanalyse Denis Cuspert – eine jihadistische Karriere. Berlin 2014.

54 http://www.spiegel.de/kultur/musik/islamischer-staat-denis-cuspert-vom-rapper-zum-moerder-a-1060369.html, zuletzt aufgerufen am 14.03.2019.

55 Salomo: Ben Salomo bedeutet Sohn des Friedens, a.a.O., S. 208.

56 Ebd.

57 https://www.juedische-allgemeine.de/allgemein/generation-jihad/, zuletzt aufgerufen am 14.03.2019.

58 https://www.zeit.de/2014/49/haftbefehl-csu-wahlkampf-plakat, zuletzt aufgerufen am 14.03.2019.

59 https://twitter.com/moritzvonuslar/status/565604835371008000, zuletzt aufgerufen am 14.03.2019.

60 https://www.youtube.com/watch?v=SOyhfKgf-LM; vgl. dazu: Marcus Staiger: Antisemitismus im deutschen Rap. In: Aus Politik und Zeitgeschichte Nr. 9/2018, S. 40–45, hier S. 42.

61 https://genius.com/Haftbefehl-free-palestina-lyrics, zuletzt aufgerufen am 14.03.2019.

62 https://genius.com/Haftbefehl-psst-lyrics, zuletzt aufgerufen am 14.03.2019.

63 Oliver Polak: Gegen Judenhass. Suhrkamp: Berlin 2018. S. 92 f.

64 http://www.spiegel.de/kultur/gesellschaft/bushido-saet-hass-laut-innenminister-friedrich-israel-twittert-zurueck-a-877384.html, zuletzt aufgerufen am 14.03.2019.

65 https://www.bild.de/politik/inland/bushido/innenminister-friedrich-empoert-28072440.bild.html, zuletzt aufgerufen am 14.03.2019.

66 https://twitter.com/IsraelinGermany/statuses/290173634369187840, zuletzt aufgerufen am 14.03.2019.

67 So wird es in der »One State Declaration« formuliert, die den Aktionen von BDS zugrunde liegt: https://electronicintifada.

net/content/one-state-declaration/793, zuletzt aufgerufen am 14.03.2019.

68 Eine ausführliche Analyse der BDS-Kampagne, ihrer politischen Wurzeln und Strategien und ihres antisemitischen Charakters findet sich in: Deborah Lipstadt: Der neue Antisemitismus. Übersetzt von Stephan Pauli. Berlin Verlag: München 2018, S. 189–207.

69 Vgl. dazu ausführlich: Judith Butler: Antisemitismus und Rassismus: Für eine Allianz der sozialen Gerechtigkeit. In: Christian Heilbronn, Doron Rabinovici, Natan Sznaider: Neuer Antisemitismus? Fortsetzung einer globalen Debatte. Suhrkamp: Berlin 2019. S. 73–91.

70 Zur Karriere des »Pinkwashing«-Begriffs und seinen antisemitischen Implikationen vgl. Dirk Ludigs: Beliebigkeit mit Sektenanschluss. Anti-Pinkwashing, Antisemitismus oder warum Hannah Arendt keine Queer-Aktivistin hätte werden können. In: Patsy L'Amour Lalove: Beißreflexe. Kritik an queerem Aktivismus, autoritären Sehnsüchten, Sprechverboten. Querverlag: Berlin 2017, S. 180–184.

71 http://www.zeit.de/2017/36/monika-gruetters-pop-kultur-festival-interview, zuletzt aufgerufen am 14.03.2019.

72 https://artistsforpalestine.org.uk/2018/06/13/young-fathers-affirm-support-for-palestinian-rights-despite-cancellation-by-german-arts-festival/, zuletzt aufgerufen am 14.03.2019.

73 https://www.billboard.com/articles/news/8461299/young-fathers-removed-from-german-festival-lineup-for-supporting-bds, zuletzt aufgerufen am 14.03.2019.

74 https://pitchfork.com/news/young-fathers-removed-from-german-festival-due-to-support-for-israel-boycott/, zuletzt aufgerufen am 14.03.2019.

75 https://www.stereogum.com/2001329/german-festival-drops-young-fathers-for-supporting-bds-movement/news/, zuletzt aufgerufen am 14.03.2019.

76 https://www.ruhrtriennale.de/de/nieuws/16 Statement_der_Ruhr-triennale_Intendantin_Stefanie_Carp/, zuletzt aufgerufen am 14.03.2019.

77 https://www.theredhandfiles.com/what-are-your-thoughts-on-brian-enos-stance-on-israel (meine Übersetzung), zuletzt aufgerufen am 14.03.2019.

78 https://www.nytimes.com/2018/01/28/arts/music/janelle-monae-kesha-grammy-awards-metoo.html, zuletzt aufgerufen am 14.03.2019.

79 »Uniformen find' ich sexy: Jens Balzer spricht mit Janelle Monáe«. In: Die Dame, Frühling/Sommer 2018, S. 180–185.

80 https://www.nytimes.com/2017/10/05/us/harvey-weinstein-harassment-allegations.html, zuletzt aufgerufen am 14.03.2019.

81 https://www.timesupnow.com/history, zuletzt aufgerufen am 14.03.2019.

82 https://www.nytimes.com/2018/01/25/arts/music/grammy-awards-metoo.html, zuletzt aufgerufen am 14.03.2019.

83 https://www.nytimes.com/2018/01/25/arts/music/music-industry-gender-study-women-artists-producers.html?module=inline, zuletzt aufgerufen am 14.03.2019.

84 https://www.youtube.com/watch?v=mDh4xeI-4KQ, zuletzt aufgerufen am 14.03.2019.

85 https://www.youtube.com/watch?v=eafRE74JGZ8, zuletzt aufgerufen am 14.03.2019.

86 https://spex.de/wir-hatten-einfach-keinen-bock-auf-den-typen/, zuletzt aufgerufen am 14.03.2019.

87 https://twitter.com/joecoscarelli/status/994635579525599232, zuletzt aufgerufen am 14.03.2019.

88 https://pitchfork.com/thepitch/why-spotifys-new-policy-on-hateful-conduct-is-a-flawed-step-forward/, zuletzt aufgerufen am 14.03.2019.

89 https://www.bloomberg.com/news/articles/2018-05-24/spotify-said-to-plan-to-restore-xxxtentacion-music-after-outcry, zuletzt aufgerufen am 14.03.2019.

90 Anthony Kiedis: Scar Tissue. Hyperion: New York City 2004, S. 159.

91 Legs McNeil/Gillian McCain: Please Kill Me. Die unzensierte Geschichte des Punk. Übersetzt von Esther Breger und Udo Breger. Hannibal: Höfen 2004, S. 74.

92 Vgl. Ann Powers: Good Booty. Love and Sex, Black and White,

Body and Soul in American Music. Harper Collins: New York City 2017, S. 202–206.

93 https://www.thrillist.com/entertainment/nation/i-lost-my-virginity-to-david-bowie, zuletzt aufgerufen am 13.03.2019; eine etwas andere – obgleich ebenfalls von Lori Mattix erzählte – Version der Geschichte findet sich bei: Paul Trynka: David Bowie: Starman. Little Brown: New York City 2011, S. 209.

94 Darryl W. Bullock: David Bowie Made Me Gay. 100 Years of LGBT Music. Duckworth: London 2017.

95 Dylan Jones: David Bowie. Ein Leben. Übersetzt von Friederike Moldenhauer. Rowohlt: Reinbek 2018, S. 699.

96 https://www.youtube.com/watch?v=FUYK0RcWw8s, zuletzt aufgerufen am 15.03.2019.

97 https://jungefreiheit.de/debatte/kommentar/2019/gift-fuer-die-gesellschaft/, zuletzt aufgerufen am 15.03.2019.

98 https://spartacus.gayguide.travel/blog/gay-travel-index-2019/, zuletzt aufgerufen am 15.03.2019.

99 https://jungle.world/artikel/2014/10/geschminkte-stimmen, zuletzt aufgerufen am 15.03.2019.

100 Vgl. Bullock: David Bowie Made Me Gay, a.a.O., S. 19–34.

101 Vgl. dazu ausführlich: Jens Balzer: Das entfesselte Jahrzehnt. Sound und Geist der 70er. Rowohlt: Berlin 2019, S. 288–305.

102 https://www.youtube.com/watch?v=Kv3yIv9nwf8, zuletzt aufgerufen am 15.03.2019.

103 https://www.youtube.com/watch?v=S0NMTuz9Duo, zuletzt aufgerufen am 15.03.2019.

104 https://www.youtube.com/watch?v=b_2vSZrIpqY, zuletzt aufgerufen am 15.03.2019.

105 https://www.youtube.com/watch?v=_m6vy1Q-jrQ, zuletzt aufgerufen am 15.03.2019.

106 https://www.bild.de/lgbt/2018/lgbt/starkes-statement-helene-fischer-macht-lgbt-fans-gluecklich-59221546.bild.html, zuletzt aufgerufen am 15.03.2019.

107 Vgl. etwa Georg Seeßlen über Helene Fischer als vermeintliche Galionsfigur des »Pegida-Pop, in: Seeßlen, Is This the End?, a.a.O., S. 170 f.

108 Zu dieser Karrierephase von Fischer vgl. ausführlich: Jens Balzer: Pop, a.a.O., S. 203–214.

109 https://www.narrhalla.de/karl-valentin-orden/, zuletzt aufgerufen am 15.03.2019.

110 Diesen Begriff übernehme ich von Katrin Sieg: Ethnic Drag: Performing Race, Nation, Sexuality in West Germany. University of Michigan Press: Ann Arbor 2002.

111 https://www.welt.de/vermischtes/article142247730/Ich-bin-keine-Helene-Fischer-in-Lederhose.html, zuletzt aufgerufen am 15.03.2019.

112 https://www.youtube.com/watch?v=dGCUSj8eIFw, zuletzt aufgerufen am 15.03.2019.

113 https://de-de.facebook.com/HCStrache/posts/respekt-andreas-gabalier-l%C3%A4sst-sich-vom-linken-mainstream-nicht-beeindrucken-htt/10152924438938591, zuletzt aufgerufen am 14.03.2019./

114 https://www.merkur.de/kultur/andreas-gabalier-schwul-feind-mer-kur-interview-5183593.html, zuletzt aufgerufen am 16.03.2019.

115 Ebd.

116 https://www.youtube.com/watch?v=iShm2LBorbs, zuletzt aufgerufen am 15.03.2019.

117 https://www.youtube.com/watch?v=2uJJYUGH9lg, zuletzt aufgerufen am 15.03.2019.

118 https://de-de.facebook.com/HCStrache/posts/respekt-andreas-gabalier-l%C3%A4sst-sich-vom-linken-mainstream-nicht-beeindrucken-htt/10152924438938591/, zuletzt aufgerufen am 15.03.2019

119 Eine ausführliche Darstellung der Band und ihrer Karriere findet sich bei: Klaus Farin: Frei.Wild: Südtirols konservative Anti-faschisten. Hirnkost Verlag: Berlin 2015.

120 https://www.welt.de/vermischtes/article142247730/Ich-bin-keine-Helene-Fischer-in-Lederhose.html, zuletzt aufgerufen am 15.03.2019.

121 https://www.sueddeutsche.de/kultur/was-ist-heimat-gleichguel-tigkeit-schmerzt-am-meisten-1.3811045, zuletzt aufgerufen am 15.03.2019.

122 https://www.frei-wild.net/releases/mensch-oder-gott-13, zuletzt
aufgerufen am 15.03.2019.

123 Vgl. etwa: Alexander Gauland: Populismus und Demokratie.
In: Sezession Nr. 88 (2019), S. 14–20.

124 David Goodhart: The Road to Somewhere. The Populist Revolt
and the Future of Politics. Hurst & Company: London 2017.

125 https://sezession.de/60075/gauland-in-schnellroda-populismus-
und-demokratie, zuletzt aufgerufen am 16.03.2019.

126 http://www.spiegel.de/kultur/musik/feine-sahne-fischfilet-anti-
rechts-punkrock-fuer-die-geilen-leute-a-1187390.html, zuletzt
aufgerufen am 16.03.2019.

127 https://www.zeit.de/2018/03/feine-sahne-fischfilet-punkband-
sturm-und-dreck-album-ostdeutschland, zuletzt aufgerufen am
16.03.2019.

128 Ministerium für Inneres und Sport Mecklenburg-Vorpommern
(Hrsg.): Verfassungsschutzbericht 2012, Pressefassung,
S. 59.

129 https://twitter.com/HeikoMaas/status/768363525676957696,
zuletzt aufgerufen am 16.03.2019.

130 https://www.facebook.com/heiko.maas.98/posts/18248544210
77276, zuletzt aufgerufen am 16.03.2019.

131 https://jungefreiheit.de/politik/deutschland/2016/mayer-kritisiert-
linksextremisten-lob-des-justizministers/, zuletzt aufgerufen am
16.03.2019.

132 https://www.bundesregierung.de/breg-de/aktuelles/
pressekonferenzen/regierungspressekonferenz-vom-26-
august-849288, zuletzt aufgerufen am 16.03.2019.

133 https://twitter.com/feinesahne/status/768368883640176640,
zuletzt aufgerufen am 16.03.2019.

134 https://jungefreiheit.de/politik/deutschland/2018/feine-sahne-
fischfilet-polizeigewerkschaft-kritisiert-bundespraesident/,
zuletzt aufgerufen am 16.03.2019.

135 https://www.welt.de/kultur/buehne-konzert/plus181409154/
Popkultur-Punk-stirbt-in-Chemnitz.html, zuletzt aufgerufen am
16.03.2019.

136 https://afdkompakt.de/2018/10/17/linksextreme-band-feine-

sahne-fischfilet-tritt-bei-zdfbauhaus-auf/, zuletzt aufgerufen am 16.03.2019.

137 https://www.instagram.com/p/BpUYuuHl6Wo/?tagged=dessau, zuletzt aufgerufen am 18.03.2019.

138 https://twitter.com/schulzeeuropa/status/1052888293665382400, zuletzt aufgerufen am 16.03.2019.

139 https://www.bauhaus-dessau.de/dl/…/sbd_20181018_PM_FeineSahneFischfilet.pdf, zuletzt aufgerufen am 16.03.2019.

140 https://www.zeit.de/news/2018-10/20/kritik-an-konzert-absage-im-bauhaus-reisst-nicht-ab-181020-99-453560, zuletzt aufgerufen am 18.03.2019.

141 https://www.zeit.de/2018/44/bauhaus-stiftung-dessau-tabus-feine-sahne-fischfilet, zuletzt aufgerufen am 16.03.2019.

142 https://www.verfassungsschutz.de/de/arbeitsfelder/af-linksextremismus/was-ist-linksextremismus, zuletzt aufgerufen am 18.03.2019.

143 Vgl. Walter Benjamin: Das Kunstwerk im Zeitalter seiner technischen Reproduzierbarkeit (Zweite Fassung, 1936). In: ders: Gesammelte Schriften. Hrsg. von Rolf Tiedemann und Hermann Schweppenhäuser. Suhrkamp: Frankfurt a. M. 1980. Bd. I/2, S. 471–508, hier S. 508.

144 http://news.frei-wild.info/archiv/7B22BAB3A9D64118.htm#anker2, zuletzt aufgerufen am 18.03.2019.

145 https://www.frei-wild.net/releases/opposition-deluxe-edition-31/cd2-51/ich-bin-neu-ich-fange-an-456, zuletzt aufgerufen am 18.03.2019.

146 https://www.youtube.com/watch?v=VaWc1Bbwf3s, zuletzt aufgerufen am 18.03.2019.

147 https://twitter.com/bushido/status/379311509106855936, zuletzt aufgerufen am 18.03.2019.

148 https://www.npr.org/sections/goatsandsoda/2015/09/01/436653602/taylor-swift-is-dreaming-of-a-very-white-africa?t=1548249805907, zuletzt aufgerufen am 18.03.2019.

149 https://www.instagram.com/p/BopoXpYnCes/, zuletzt aufgerufen am 18.03.2019.

150 https://www.reddit.com/r/The_Donald/comments/9ma7fe/taylor_

swift_comes_out_as_a_raging_sjw_liberal_gg/e7d8dhs/, zuletzt aufgerufen am 18.03.2019.

151 Siegfried Gerlich: Die amerikanische Alt-Right – Positionen und Profile. In: Sezession Nr. 87 (2018), S. 9–15, hier S. 11.

152 https://twitter.com/Olivianuzzi/status/834799915058470917, zuletzt aufgerufen am 18.03.2019.

153 https://www.esquire.com/entertainment/music/news/a53383/depeche-mode-alt-right-richard-spencer/, zuletzt aufgerufen am 18.03.2019.

154 https://twitter.com/goldengateblond/status/834852609798262784?lang=de, zuletzt aufgerufen am 18.03.2019.

155 https://newrepublic.com/minutes/140856/alt-right-like-depeche-mode, zuletzt aufgerufen am 18.03.2019.

156 Mario Alexander Müller: Kontrakultur. Verlag Antaios: Schnellroda 2017, S. 276.

157 https://www.youtube.com/watch?v=yFgSRM1ANjU&bpctr=1548201173, zuletzt aufgerufen am 18.03.2019.

158 Deutsch in: Renaud Camus: Revolte gegen den großen Austausch. Übersetzt von Martin Lichtmesz. Verlag Antaios: Schnellroda 2016.

159 Vgl. dazu ausführlich: https://foreignpolicy.com/2019/03/16/the-inspiration-for-terrorism-in-new-zealand-came-from-france-christchurch-brenton-tarrant-renaud-camus-jean-raspail-identitarians-white-nationalism/, zuletzt aufgerufen am 19.03.2019.

160 https://www.youtube.com/watch?v=B4uBDJ8-5io, zuletzt aufgerufen am 18.03.2019.

161 Thomas Wagner: Die Angstmacher. 1968 und die Neuen Rechten. Aufbau Verlag: Berlin 2017, S. 12.

162 Müller: Kontrakultur, a.a.O., S. 74.

163 Müller: Kontrakultur, a.a.O., S. 303.

164 Müller: Kontrakultur, a.a.O., S. 226 und 272.

165 Müller: Kontrakultur, a.a.O., S. 228.

166 https://www.youtube.com/watch?v=ePiB99cUyvU, zuletzt aufgerufen am 18.03.2019.

167 Müller: Kontrakultur, a.a.O., S. 155.

168 Vgl. Zygmunt Bauman: Liquid Modernity (2000). Revised Edition. Polity Press: Cambridge 2012.

169 http://reynoldsretro.blogspot.com/2013/06/xenomania-nothing-is-foreign-in.html, zuletzt aufgerufen am 18.03.2019.

170 Jace Clayton: Uproot. Travels in 21st-Century Music and Digital Culture. Farrar, Straus and Giroux: New York 2016, hier besonders das Kapitel »How Music Travels«; S. 58–86.

171 https://www.residentadvisor.net/features/3120, zuletzt aufgerufen am 18.03.2019.

172 https://www.ableton.com/de/blog/ramzi-in-a-world-of-her-own-design/, zuletzt aufgerufen am 18.03.2019.

173 https://soundcloud.com/user-108882844-13163959/fat-02-jumanji-previews-priori-ramzi, zuletzt aufgerufen am 18.03.2019.

174 https://twitter.com/BAKEGLA/status/1096007353479106561, zuletzt aufgerufen am 18.03.2019.

175 https://pitchfork.com/news/ramzi-and-priori-cancel-new-album-after-being-accused-of-cultural-appropriation/?verso=true, zuletzt aufgerufen am 18.03.2019.

176 https://www.salon.com/2013/06/24/is_miley_cyrus_twerking_racist/, zuletzt aufgerufen am 18.03.2019.

177 https://mic.com/articles/95444/5-reasons-katy-perry-is-pop-musics-worst-cultural-appropriator#.q3vHoeF4s, zuletzt aufgerufen am 18.03.2019.

178 https://www.vogue.com/article/dreadlocks-hair-debate-moment, zuletzt aufgerufen am 18.03.2019.; vgl. auch Hanno Rauterberg: Wie frei ist die Kunst? Der neue Kulturkampf und die Krise des Liberalismus. Suhrkamp: Berlin 2018, S. 34 f.

179 https://missy-magazine.de/blog/2016/07/05/fusion-revisited-karneval-der-kulturlosen/, zuletzt aufgerufen am 18.03.2019.

180 Ebd.; vgl. auch die erweiterte Buchfassung: Hengameh Yaghoobifarah: Ich war auf der Fusion, und alles, was ich bekam, war ein blutiges Herz. SuKuLTur: Berlin 2018.

181 Zum Begriff der Subalternität vgl. den einschlägigen Text von Gayatri Chakravorty Spivak: Can the Subaltern Speak? Postkolonialität und subalterne Artikulation. Übersetzt von Alexander Joskowicz und Stefan Nowotny. Turia + Kant: Wien 2008.

182 https://www.teenvogue.com/story/k-pop-idols-accountable-for-racist-actions, zuletzt aufgerufen am 18.03.2019.

183 https://nextshark.com/kung-fu-kennys-black-samurai-raps-fetishization-asian-culture/, zuletzt aufgerufen am 18.03.2019.

184 Vgl. Jens Balzer: Japanischer Pop, deutsche Hörer. In: Japanisch-Deutsches Zentrum Berlin (Hrsg.), Symposium Subculture. Popculture Made in Japan. Veröffentlichungen des JDZB, Band 54: Berlin 2006, S. 52–59.

185 Eine solche Kritik der Verbindung von Ästhetik und Verantwortungsethik findet sich etwa bei: Jacques Rancière: Die ethische Wende der Ästhetik und der Politik. In: ders.: Das Unbehagen in der Ästhetik. Übersetzt von Richard Steurer-Boulard. Passagen Verlag: Wien 2016, S. 113–136.

186 Zu dieser Traditionslinie vgl. ausführlich: Balzer: Pop, a.a.O., S. 105–116, S. 179–214.

187 Angela Nagle: Die digitale Gegenrevolution. Online-Kulturkämpfe der Neuen Rechten von 4chan und Tumblr bis zur Alt-Right und Trump. Übersetzt von Demian Niehaus. Transcript Verlag: Bielefeld 2018, S. 139.

188 Vgl. Kollegah: Das ist Alpha! Die 10 Boss-Gebote. Riva Verlag: München 2018.

189 Nagle: Die digitale Gegenrevolution, a.a.O., S. 139.

190 https://www.republik.ch/2018/11/17/kuess-mich-an-meinen-geschlechtern, zuletzt aufgerufen am 15.03.2019.

191 https://www.facebook.com/RepublikMagazin/posts/232639280 4314024; eine Zusammenfassung der Kommentare findet sich auf der Online-Musik-Seite noisey: https://noisey.vice.com/alps/article/xwjy4q/republik-kommentare-lgbtq-queer-feindlichkeit?utm_source=noiseyfbch&utm_medium=link, zuletzt aufgerufen am 15.03.2019.

192 Thomas Edlinger: Das gespaltene Netzwerk. In: ders. (Hrsg.): New Society. Reader zum Donaufestival: Krems 2019. S. 4–18, hier S. 8f.

193 Edlinger: Das gespaltene Netzwerk, a.a.O., S. 7f.

194 Edlinger: Das gespaltene Netzwerk, a.a.O., S. 8.

195 Tom Holert/Mark Terkessidis: Einführung in den Mainstream der Minderheiten. In: dies. (Hrsg.): Mainstream der Minderheiten. Edition ID-Archiv: Berlin 1996, S. 5–19.

Gesellschaft
besser machen